# Städte-Ordnung

der

# Provinz Westphalen

vom 19. März 1856

mit den

aus späteren Gesetzen, namentlich aus dem Zuständigkeitsgesetze vom 1. August 1883 sich ergebenden Aenderungen und Zusätzen.

---

Zusammengestellt

von

H. Steffenhagen.

Berlin.
J. J. Heines Verlag.
1887.

# Vorwort.

Der Inhalt der Städte-Ordnung der Provinz Westphalen vom 19. März 1856 ist durch eine Reihe später erlassener Reichs- und Landesgesetze, namentlich durch das in der Provinz Westphalen am 1. Juli 1887 in Kraft getretene Gesetz über die Zuständigkeit der Verwaltungs- und Verwaltungsgerichtsbehörden vom 1. August 1883 wesentlich modificirt worden.. Es sind nämlich dadurch 43 Paragraphen der Städteordnung (also mehr als die Hälfte) theils ganz aufgehoben, theils in wesentlichen Bestimmuugen abgeändert. Es entspricht deshalb einem practischen Bedürfnisse, eine Textausgabe mit den überall zerstreuten Abänderungen und Zusätzen herzustellen. Einem solchen Bedürfnisse soll durch die vorliegende Ausgabe Rechnung getragen werden. Der aufgehobene Inhalt des Originaltextes ist durch Klammern [ ] und durch den darin befindlichen kleineren Druck markirt, während die Aenderungen und Zusätze gesperrt gedruckt sind, und den gesperrten Worten in jedem Falle zum Zwecke der Controle und des Nachschlagens der betreffende Paragraph der abändernden Reichs- und Landesgesetze beigefügt ist. Das obenberegte Zuständigkeitsgesetz ist im Texte durch die Worte: „Zust.-G." abgekürzt.

Ich schließe mit dem Wunsche, daß die vorliegende Ausgabe in der Provinz Westphalen, namentlich mit Rücksicht auf die dort durch die neue Kreis- und Provinzialordnung hervorgerufene Verwaltungsreform, eine ebenso wohlwollende Aufnahme finden möge, wie die von mir im Juni 1884 in ähnlicher Weise bearbeitete und bereits in 8 Auflagen erschienene Städteordnung der 6 östlichen Provinzen der Preußischen Monarchie in den dortigen Kreisen der Gemeindeverwaltung und Vertretung gefunden hat.

**Der Verfasser.**

# Inhalts-Verzeichniß.

Seite
§ 1. Einleitung. Geltungsbereich d. Städte-Ordn. 1

Tit. I. Von den Grundlagen d. städt. Verfassung.

§ 2. Umfang des Stadtbezirks und Veränderung desselben durch Vereinigung oder Abtrennung von Grundstücken bezw. eines ländlichen Gemeinde- oder eines selbstständigen Gutsbezirks in Bezug auf eine Stadtgemeinde . . . . . . . . . 2
§ 3. Begriff der Einwohner des Stadtbezirks . 5
§ 4. Rechte und Pflichten der Einwohner, insbesondere die Kommunalabgabenpflicht . . 5
§ 5. Begriff und Erwerbung des Bürgerrechts . 12
§ 6. Ausnahmsweise Verleihung des Bürgerrechts. Ehrenbürgerrecht . . . . . . . . 14
§ 7. Verlust des Bürgerrechts, zeitweises Ruhen und Wiedererlangung desselben . . . 15
§ 8. Wahlrecht d. Forensen u. juristisch. Personen 18
§ 9. Rechte der Stadtgemeinden . . . . . . 18
§ 10. Vertretung der Städte im Allgemeinen . . 18
§ 11. Das statutarische Recht der Städte . . . 19

Tit. II. Von der Zusammensetzung und Wahl der Stadtverordnetenversammlung.

§ 12. Zusammensetzung der Stadtverordnetenvers. 19
§ 13. Bildung der Wahlabtheilungen . . . . 20
§ 14. Wahlbezirke . . . . . . . . . . . 21
§ 15. Zahl der Stadtverordneten in den mehrere Ortschaften enthaltenden Stadtgemeinden 22
§ 16. Vertretung der Hausbesitzer in der Stadtverordnetenversammlung . . . . . . 22
§ 17. Passive Wahlfähigkeit. . . . . . . . 22
§ 18. Wahlperiode . . . . . . . . . . . 23
§ 19. Führung der Gemeindewählerliste . . . 24
§ 20. Berichtigung und Feststellung der Liste . . 24
§ 21. Zeitpunkt der regelmäßigen Ergänzungswahlen u. der außergewöhnl. Ersatzwahlen 25
§ 22. Ergänzung der Zahl der Hausbesitzer . . 26

Seite

§ 23. Einladung zu den Wahlen . . . . . . 27
§ 24. Bildung des Wahlvorstandes . . . . . 27
§ 25. Wahlverfahren . . . . . . . . . . . 27
§ 26. Feststellung des Wahlresultats . . . . . 28
§ 27. Wahlprotokolle, Bekanntmachung des Wahlresultats, Einspruch gegen die Gültigkeit der Wahl und Wahlungültigkeitserklärung 29
§ 28. Amtsdauer u. Einführung d. Stadtverordneten 30

Tit. III. Von der Zusammensetzung und Wahl des Magistrats.

§ 29. Zusammensetzung des Magistrats . . . . 31
§ 30. Passive Wahlfähigkeit . . . . . . . . 31
§ 31. Wahlperiode . . . . . . . . . . . 33
§ 32. Wahlverfahren . . . . . . . . . . 33
§ 33. Bestätigung der Wahlen . . . . . . . 34
§ 34. Beeidigung der Magistratsmitglieder . . . 35

Tit. IV. Von den Versammlungen und Geschäften der Stadtverordneten.

§ 35. Competenz d. Stadtverordnetenversammlung 36
§ 36. Bestätigung der Beschlüsse und Verfahren bei Versagung der Bestätigung . . . 39
§ 37. Recht der Controle der Stadtverordnetenvers. 39
§ 38. Wahl des Bureau d. Stadtverordnetenvers. und Theilnahme des Magistrats an den Sitzungen . . . . . . . . . . . 40
§ 39. Zusammenberufung der Stadtverordneten . 40
§ 40. Art und Weise der Zusammenberufung . . 41
§ 41. Festsetzung regelmäßiger Sitzungstage . . 41
§ 42. Erfordernisse der Beschlußfähigkeit der Versammlung . . . . . . . . . 41
§ 43. Abstimmungsverfahren in den Sitzungen . 42
§ 44. Verfahren bei collidirenden Interessen und bei Prozessen gegen Magistratsmitglieder 42
§ 45. Oeffentlichkeit der Sitzungen . . . . . 43
§ 46. Verhandlungen in den Sitzungen . . . . 43

Seite

§ 47. Sitzungsprotocolle, Mittheilung der Beschlüsse an den Magistrat und Geschäftsordnung der Versammlungen . . . . . . . 43
§ 48. Beschlußfassung über das Gemeinde-, Bürger- und Stiftungsvermögen . . . . . . 45
§ 49. Genehmigung der Stadtverordnetenbeschlüsse durch den Regierungspräsidenten bezw. den Bezirksausschuß . . . . . . . 46
§ 50. Verfahren bei d. Veräußerung der Gemeindegrundstücke . . . . . . . . . . 47
§ 51. Erhebung des Bürgerrechtsgeldes und des Einkaufsgeldes . . . . . . . . . 48
§ 52. Aufbringung der Gemeindesteuern . . . 50
§ 53. Leistung von Hand- und Spanndiensten . 52
§ 54. Behandlung der Gemeindewaldungen . . 52
§ 55. Wahl der Gemeindeeinnehmer . . . . . 52

Tit. V. Von den Geschäften des Magistrats.

§ 56. Competenz des Magistrats . . . . . . 53
§ 57. Beschlußfähigkeit des Magistrats und Befugnisse des Vorsitzenden hinsichtlich gefaßter Magistratsbeschlüsse . . . . . 57
§ 58. Function. d. Bürgermst. als Magistratsdirig. 59
§ 59. Verwaltungsdeputationen und Commissionen 60
§ 60. Bezirksvorsteher . . . . . . . . . . . 61
§ 61. Erstattung des Verwaltungs-Jahresberichts 61
§ 62. Functionen des Bürgermeisters als Organ der Staatsgewalt . . . . . . . . 62
§ 63. Erlaß ortspolizeilicher Verordnungen . . 63

Tit. VI. Von den Gehältern und Pensionen.

§ 64. Festsetzung der Besoldungen . . . . . . 63
§ 65. Pensionsansprüche d. Magistratsmitglieder 64

Tit. VII. Von dem Gemeinde-Haushalte.

§ 66. Aufstellung, Offenlegung und Feststellung des Haushaltsetats . . . . . . . 66
§ 67. Ausführung des Etats . . . . . . . 67
§ 68. Einziehung der Gemeindeabgaben . . . 67

Seite
§ 69. Legung, Revis. u. Feststell. d. Jahresrechnung 67
§ 70 Feststellungsbeschluß über die Jahresrechnung 68
§ 71. Führung des Lagerbuchs . . . . . . . 69

**Tit. VIII. Von der Einrichtung der städt. Verfassung ohne collegialischen Gemeindevorst.**

§ 72. Organisation der städtischen Behörden . . 69
§ 73. Folgen dieser Organisation . . . . . . . 70

**Tit. IX. Von der Verpflichtung zur Annahme von Stellen und von dem Ausscheiden aus denselben wegen Verlustes des Bürgerrechts.**

§ 74. Verpflichtung zur Uebernahme unbesoldeter städtischer Aemter . . . . . . . . . 71
§ 75. Niederlegung dieser Aemter . . . . . . 73

**Tit. X. Von der Oberaufsicht über die Stadtverwaltung.**

§ 76. Aufsichtsbehörden . . . . . . . . . . 74
§ 77. Beschwerden bei den Aufsichtsbehörden . . 75
§ 78. Beschlüsse der Stadtverordneten, welche deren Befugnisse überschreiten . . . . 75
§ 79. Zwangsweise Eintragung gesetzl. Leistungen in den Haushaltsetat . . . . . . . 76
§ 80. Instanzenzug . . . . . . . . . . . 77
§ 81. Auflösung der Stadtverordnetenversammlg. 77
§ 82 Dienstvergehen der Gemeindebeamten . . 78

**Tit. XI. Ausführungs- und Uebergangsbestim.**

§ 83. Bestimmung über Ausführung d. Städte-Ord. 80
§ 84 Einführung der Städte-Ordnung in denjenigen Städten, in denen die Gemeindeordnung v. 11. März 1850 bestanden hat 80
§ 85. Einführung der Städte-Ord. in denjenigen Städten, in denen die revidirte St.-Ord. vom 17. März 1831 in Geltung gewesen ist 81
§ 86. Belassung der Gemeindebeamten in ihren Aemtern und Einkünften . . . . . 81
§ 87. Regelung der Verhältnisse in Betreff der vormals unmittelbaren deutsch. Reichsstände 82

# Städte-Ordnung

der

# Provinz Westphalen

vom 19. März 1856.

---

§ 1.

Die gegenwärtige Städte-Ordnung findet nur auf diejenigen Städte in der Provinz Westphalen Anwendung, in denen bei Verkündigung der Gemeinde-Ordnung vom 11. März 1850 die revidirte Städte-Ordnung vom 17. März 1831 galt, oder in denen gegenwärtig der Titel II der Gemeinde-Ordnung vom 11. März 1850 gilt, auf letztere jedoch nur dann, wenn sie — bei Einführung jener Gemeinde-Ordnung in Stelle der daselbst geltend gewesenen Landgemeinde-Ordnung vom 31. Oktober 1841 — aus dem Amts- (Sammtgemeinde-) Verbande ausgeschieden sind, in welchem sie bis dahin mit den ländlichen Gemeinden gestanden haben.

In eine solche Stadt kann jedoch, wenn die Vertretung der Stadt-Gemeinde durch einen, nach zweimaliger, mit einem Zwischenraum von mindestens acht Tagen vorgenommenen Berathung, gefaßten Beschluß darauf anträgt, nach Vernehmung des Kreistages, durch Königliche Verordnung die Landgemeinde-Ordnung mit denjenigen Modifikationen eingeführt werden, welche für diesen Fall in der Landgemeinde-Ordnung für die Provinz Westphalen vom heutigen Tage angeordnet werden.

---

## Titel I.

### Von den Grundlagen der städtischen Verfassung

§ 2.

Den städtischen Gemeindebezirk (Stadtbezirk) bilden alle diejenigen Grundstücke, welche demselben bisher angehört haben.

Grundstücke, welche bisher noch keinem Gemeindebezirke oder keinem selbstständigen Gutsbezirke — § 3 der Landgemeinde-Ordnung — angehört haben, können nach Vernehmung der Betheiligten und nach Anhörung des Kreistages [unter Genehmigung des Oberpräsidenten] durch Beschluß des Bezirksausschusses (Zust.-G. § 8, Abs. 1) mit dem Stadtbezirke vereinigt werden. Der Bezirksausschuß beschließt nämlich, soweit die Beschlußfassung der Aufsichtsbehörde zustand, über die Veränderung der Grenzen der Stadtbezirke. (Zust.-G. § 8 Abs. 1.)

Eine Vereinigung eines ländlichen Gemeinde- oder eines selbstständigen Gutsbezirks mit einer Stadtgemeinde kann nur unter Zustimmung der Vertretungen der betheiligten Gemeinden, sowie des betheiligten Gutsbesitzers nach Anhörung des Kreistages mit Genehmigung des Königs erfolgen.

Die Abtrennung einzelner Grundstücke von einem Stadtbezirk und deren Vereinigung mit einem angrenzenden Gemeinde- oder selbstständigen Gutsbezirk, sowie die Abtrennung einzelner bisher zu einer anderen Gemeinde oder zu einem selbstständigen Gute gehörenden Grundstücke und deren Vereinigung mit einem angrenzenden Stadtbezirk kann nach Anhörung des Kreistages [mit Genehmigung des Ministers des Innern] durch Beschluß des Bezirksausschusses (Zust.-G. § 8, Abs. 1) vorgenommen werden, wenn außer den Vertretungen der betheiligten Gemeinden und den betheiligten Gutsbesitzern auch die Eigenthümer jener Grundstücke darin einwilligen. In Ermangelung der Einwilligung aller Betheiligten kann eine Veränderung dieser Art in den Gemeinde- oder Gutsbezirken nur in dem Falle, wenn dieselbe im öffentlichen Interesse als nothwendiges Bedürfniß sich ergiebt, und alsdann nur mit Genehmigung des Königs nach Vernehmung der Betheiligten und nach Anhörung des Kreistages stattfinden.

In allen vorstehenden Fällen ist der Beschluß des Kreistages vor Einholung der höheren Genehmigung den Betheiligten nachrichtlich mitzutheilen.

Wo und soweit in Folge einer derartigen Veränderung der Grenzen der Stadtbezirke eine Auseinandersetzung zwischen den Betheiligten sich als nothwendig ergiebt [ist solche im Verwaltungswege zu bewirken], beschließt der Bezirksausschuß über solche Auseinandersetzung zwischen den betheiligten Gemeinden, vorbehaltlich der den Letzteren gegen einander zustehenden Klage im Verwaltungsstreitverfahren. (Zust.-G. § 8, Abs. 2.)

[Wird hierbei eine Uebereinkunft unter den Betheiligten vermittelt, so genügt die Genehmigung der Regierung, im Falle des Widerspruchs entscheidet der Oberpräsident.]

Privatrechtliche Verhältnisse dürfen durch dergleichen Veränderungen niemals gestört werden.

Eine jede solche Veränderung ist durch das Amtsblatt bekannt zu machen. Veränderungen, welche bei Gelegenheit einer Gemeinheitstheilung vorkommen, unterliegen diesen Bestimmungen nicht.

Streitigkeiten über die bestehenden Grenzen der Stadtbezirke unterliegen der Entscheidung im Verwaltungsstreitverfahren. (Zust.-G. § 9, Abs. 1.)

Ueber die Festsetzung streitiger Grenzen beschließt vorläufig, sofern es das öffentliche Interesse erheischt, der Bezirksausschuß. Bei dem Beschlusse behält es bis zur rechtskräftigen Entscheidung im Verwaltungsstreitverfahren sein Bewenden. (Zust.-G. § 9, Abs. 2.)

§ 3.

Alle Einwohner des Stadtbezirks, mit Ausnahme der servisberechtigten Militärpersonen des aktiven Dienststandes, gehören zur Stadtgemeinde.

Als Einwohner werden diejenigen betrachtet, welche in dem Stadtbezirk nach den Bestimmungen der Gesetze ihren Wohnsitz haben.

§ 4.

Alle Einwohner des Stadtbezirks sind zur Mitbenutzung der öffentlichen Gemeindeanstalten der Stadt berechtigt und zur Theilnahme an den städtischen Gemeindelasten nach den Vorschriften dieses Gesetzes verpflichtet.

Die Bestimmungen besonderer Stiftungen, welche mit dergleichen städtischen Gemeindeanstalten verbunden sind, sowie die hinsichtlich solcher Anstalten auf besonderen Titeln beruhenden Privatrechte werden hierdurch nicht berührt.

[Wer, ohne in dem Stadtbezirk zu wohnen, daselbst Grundbesitz hat oder ein stehendes Gewerbe betreibt, ist dennoch verpflichtet, an denjenigen Lasten Theil zu nehmen, welche auf den Grundbesitz oder das Gewerbe oder auf das aus jenen Quellen fließende Einkommen gelegt sind. Dieselbe Verpflichtung haben juristische Personen, welche in dem Stadtbezirke Grundeigenthum besitzen oder ein stehendes Gewerbe betreiben.]

Aktiengesellschaften, Kommanditgesellschaften auf Aktien, Berggewerkschaften, eingetragene Genossenschaften, deren Geschäftsbetrieb über den Kreis ihrer Mitglieder hinausgeht, und juristische Personen, insbesondere auch Gemeinden und weitere Kommunalverbände, unterliegen in Gemeinden, in welchen sie Grundbesitz, gewerbliche Anlagen, Eisenbahnen oder Bergwerke haben, Pachtungen, stehende Gewerbe, Eisenbahnen oder Bergbau betreiben, hinsichtlich des ihnen aus diesen Quellen in der Gemeinde zufließenden Einkommens den auf das Einkommen gelegten Gemeindeabgaben. Als Besitzer von Eisenbahnen gelten diejenigen Eisenbahnaktiengesellschaften nicht, die ihr Unternehmen dem Staate gegen eine unmittelbar an die Aktionäre zu zahlende Rente übertragen haben.

Bis zur anderweitigen Regelung der Heranziehung des Staatsfiscus zu den auf das Einkommen gelegten Gemeindeabgaben in Verbindung mit der Ueberweisung von Grund- und Gebäudesteuer an die Kommunalverbände unterliegt der Staatsfiscus diesen Abgaben bezüglich des Einkommens aus den von ihm betriebenen Gewerbe-, Eisenbahn-, und Bergbauunternehmungen, sowie aus den Domänen und Forsten.

Der in Absatz 4 gedachten Abgabepflicht unterliegen auch physische Personen, welche in Gemeinden, ohne daselbst einen Wohnsitz zu haben, oder sich länger als drei Monate aufzuhalten, Grundbesitz, gewerbliche Anlagen, Eisenbahnen oder Bergwerke haben, Pachtungen, stehende Gewerbe, Eisenbahnen oder außerhalb einer Gewerkschaft Bergbau betreiben — Forensen. —

Wegen der Besteuerung solchen Einkommens der Aktiengesellschaften, Kommanditgesellschaften auf Aktien, Berggewerkschaften, eingetragenen Genossenschaften, deren Geschäftsbetrieb über den Kreis ihrer Mitglieder hinausgeht, juristischen Personen, insbesondere Gemeinden und weiteren Kommunalverbände, des Staatsfiscus und der Forensen sind die Vorschriften des Gesetzes, betreffend Ergänzung und Abänderung einiger Bestimmungen über Erhebung der auf das Einkommen gelegten directen Kommunalabgaben, vom 27. Juli 1885 anzuwenden. (Gesetz vom 27. Juli 1885 — Ges.=Sammlung S. 327.)

[Wo städtische Gemeindeabgaben durch Zuschläge zur Klassen= oder klassificirten Einkommensteuer erhoben werden, müssen alle diejenigen, welche im Stadtbezirke sich aufhalten, um dort ihren Unterhalt zu erwerben, sobald sie daselbst eine dieser Steuern zu entrichten haben, auch die gedachten Zuschläge zahlen. Wo eine Kommunalsteuer anderer Art eingeführt ist, sind dergleichen Personen bei einem Aufenthalte von mehr als drei Monaten im Stadtbezirke vom Ablaufe des dritten Monats an zu jener Steuer beizutragen verpflichtet]

Die Gemeinde kann neu Anziehende gleich den übrigen Gemeindeeinwohnern zu den Gemeindelasten heranziehen. Uebersteigt die Dauer des Aufenthalts nicht den Zeitraum von drei Monaten, so sind die neu Anziehenden diesen Lasten nicht unterworfen. (Reichsgesetz über die Freizügigkeit vom 1. November 1867, § 8.)

Zu den auf den Grundbesitz oder auf das stehende Gewerbe gelegten Lasten sind auch die im § 3 erwähnten Militairpersonen verpflichtet, wenn sie im Stadtbezirke mit Grundeigenthum angesessen sind oder ein stehendes Gewerbe treiben. Von anderen directen Gemeindeabgaben und Lasten sind dieselben, mit Ausnahme der Militairärzte rücksichtlich ihres Einkommens aus einer Civilpraxis und mit Ausnahme aller im Offiziersrange stehenden Militairpersonen des Friedensstandes rücksichtlich ihres aus sonstigen Quellen außer Grundbesitz und Gewerbebetrieb fließenden außerdienstlichen Einkommens, frei. (Gesetz, betreffend die Heranziehung von Militairpersonen zu Abgaben für Gemeindezwecke, vom 29. Juni 1886, § 1.) Wegen der Besteuerung dieses außerdienstlichen Einkommens sind die Vorschriften des vorgenannten Gesetzes anzuwenden. Von Verbrauchsabgaben bleiben nur die Militair- Speiseeinrichtungen und ähnliche Anstalten in dem bisherigen Umfange befreit.

Die in dem Gesetze, betreffend die Aufhebung der Grundsteuerbefreiungen vom 24. Februar 1850, § 2 — Gesetz-Sammlung S. 62 — bezeichneten ertragsunfähigen oder zu einem öffentlichen Dienste oder Gebrauche bestimmten

Grundstücke sind nach Maaßgabe der Kabinetsordre vom 8. Juni 1834 — Gesetz=Sammlung S. 87 —, die Dienstgrundstücke der Geistlichen, Kirchendiener und Elementarschullehrer aber überhaupt von den Gemeindeauflagen befreit.

[Denjenigen Staatswaldungen, welche seither von den nach dem Grundsteuerfuße vertheilten Gemeindelasten befreit gewesen sind, verbleibt fernerhin diese Befreiung, dagegen bleibt auch.] Das Regulativ wegen Heranziehung der Staatswaldungen zum Wegebau vom 17. November 1841 — Gesetz-Sammlung S. 405 — bleibt fortbestehen. (cfr. Gesetz vom 27. Juli 1885, § 1 Abs. 2.)

Zeitweilige Befreiungen von Gemeindeabgaben und Leistungen für neu bebaute Grundstücke sind zulässig.

Alle sonstige, nicht persönliche Befreiungen können von den Stadtgemeinden abgelöst werden, und hören auf, wenn die Entschädigung festgestellt und gezahlt ist; bis dahin bestehen dieselben in ihrem bisherigen Umfange fort, erstrecken sich jedoch nur auf den gewöhnlichen Zustand, nicht auf außerordentliche Leistungen.

Die Befreiung und der Anspruch auf Entschädigung erlöschen, wenn sie in Städten, wo die Gemeinde-Ordnung vom 11. März 1850 bereits eingeführt ist, nicht binnen Jahresfrist nach deren Einführung bei dem Gemeindevorstande (Magistrate) angemeldet sind, und in den anderen Städten nicht binnen Jahresfrist nach Einführung der gegenwärtigen Städteordnung bei demselben angemeldet werden. Die Entschädigung wird zum zwanzigfachen Betrage des Jahreswerthes der Befreiung nach dem Durchschnitte der letzten zehn Jahre vor der Verkündigung dieser Städte-Ordnung geleistet. Steht ein anderer Entschädigungsmaaßstab durch speciellen Rechtstitel fest, so hat es hierbei sein Bewenden. Der Entschädigungsbetrag wird durch Schiedsrichter, mit Ausschluß der ordentlichen Rechtsmittel, festgestellt; von diesen wird der eine von dem Besitzer des bisher befreiten Grundstücks, der andere von der Gemeindevertretung ernannt. Der Obmann ist, wenn sich die Schiedsrichter über dessen Ernennung nicht verständigen können, von der Aufsichtsbehörde zu ernennen.

Die Geistlichen, Kirchendiener und Elementarschullehrer bleiben von den direkten persönlichen Gemeindeabgaben hinsichtlich ihres Diensteinkommens insoweit befreit, als ihnen diese Befreiung zur Zeit der Verkündigung der Gemeinde-Ordnung vom 11. März 1850 zustand.

Alle übrigen persönlichen Befreiungen sind ohne Entschädigung aufgehoben.

Wegen der Besteuerung des Diensteinkommens der Beamten sind die Vorschriften des Gesetzes vom 11. Juli 1822 — Gesetz-Sammlung

S. 184 — und der Kabinetsordre vom 14. Mai 1832 — Gesetz-Sammlung S. 145 — sowie des § 12 des Gesetzes vom 27. Juli 1885 — Gesetz-Sammlung S. 327 — anzuwenden.

Durch die in diesen Gesetzen bestimmten Geldbeiträge sind die Beamten zugleich von persönlichen Diensten frei. Sind sie jedoch Besitzer von Grundstücken oder betreiben sie ein stehendes Gewerbe, so müssen sie die mit diesem Grundbesitz resp. Gewerbe verbundenen persönlichen Dienste entweder selbst oder für den Fall der Verhinderung durch Stellvertreter leisten.

§ 5.

Das Bürgerrecht besteht in dem Rechte zur Theilnahme an den Wahlen sowie in der Befähigung zur Uebernahme unbesoldeter Aemter in der Gemeindeverwaltung und zur Gemeindevertretung. Jeder selbstständige Preuße erwirbt dasselbe, wenn er seit einem Jahre

1) Einwohner des Stadtbezirks ist und zur Stadtgemeinde gehört (§ 3),
2) keine Armenunterstützung aus öffentlichen Mitteln empfangen,
3) die ihn betreffenden Gemeindeabgaben bezahlt hat, und außerdem

4) entweder

a) ein Wohnhaus im Stadtbezirk besitzt (§ 16), oder

b) [ein stehendes Gewerbe selbstständig als Haupterwerbsquelle und in Städten von mehr als 10 000 Einwohner mit wenigstens zwei Gehülfen selbstständig betreibt] oder

c) zur klassificirten Einkommensteuer veranlagt ist oder

d) an Klassensteuer einen Jahresbetrag von mindestens [vier Thalern] sechs Mark entrichtet. (Gesetz vom 25. Mai 1873.)

Steuerzahlungen und Hausbesitz der Ehefrau werden dem Ehemanne, Steuerzahlungen und Hausbesitz der minderjährigen, beziehungsweise der in väterlicher Gewalt befindlichen Kinder dem Vater angerechnet.

Nach dem begonnenen Gewerbebetriebe ist der Gewerbetreibende (cfr. oben sub 4, b) auf Verlangen der Gemeindebehörde nach Ablauf von drei Jahren verpflichtet, das Bürgerrecht zu erwerben. Es darf jedoch in diesem Falle von ihm das sonst vorgeschriebene oder übliche Bürgerrechtsgeld nicht gefordert und ebenso nicht verlangt werden, daß er sein anderweit erworbenes Bürgerrecht aufgebe (Reichsgewerbe-Ordnung vom 1. Juli 1883, § 13).

In den Fällen, wo ein Haus durch Vererbung auf einen Anderen übergeht, kommt dem Erben bei Berechnung der Dauer des einjährigen Wohnsitzes die Besitzzeit des Erblassers zu gute.

Als selbstständig wird nach vollendetem vierundzwanzigsten Lebensjahre ein Jeder betrachtet, der einen eigenen Hausstand hat, sofern ihm nicht das Verfügungsrecht über sein Vermögen oder dessen Verwaltung durch richterliches Erkenntniß entzogen ist.

Inwiefern über die Erlangung des Bürgerrechts von dem Magistrat eine Urkunde, Bürgerbrief, zu ertheilen ist, bleibt den statutarischen Anordnungen vorbehalten.

## § 6.

Verlegt ein Bürger seinen Wohnsitz nach einer anderen Stadt, so kann ihm das Bürgerrecht in seinem neuen Wohnorte, wenn sonst die Erfordernisse zur Erlangung desselben vorhanden sind, durch den Magistrat, im Einverständniß mit der Stadtverordnetenversammlung (§ 12), schon vor Ablauf eines Jahres verliehen werden. Diese Bestimmungen finden auch dann

Anwendung, wenn der Besitzer eines selbstständigen, einer Gemeinde gleichgestellten Gutes oder ein stimmberechtigter Einwohner einer Landgemeinde seinen Wohnsitz nach einer Stadt verlegt.

Der Magistrat ist im Einverständnisse mit der Stadtverordneten-Versammlung befugt, Männern, welche sich um die Stadt verdient gemacht haben, ohne Rücksicht auf die oben gedachten besonderen Erfordernisse, das Ehrenbürgerrecht zu ertheilen, wodurch keine städtischen Verpflichtungen entstehen.

## § 7.

Wer in Folge rechtskräftigen Erkenntnisses der bürgerlichen Ehre verlustig geworden [§ 12 des Strafgesetzbuches], verliert dadurch dauernd auch das Bürgerrecht und die Befähigung, dasselbe zu erwerben — Reichsstrafgesetzbuch § 33. —

Wem durch rechtskräftiges Erkenntniß die Ausübung der bürgerlichen Ehrenrechte untersagt ist [§ 21 des Strafgesetzbuches], der ist während der dafür in dem Erkenntnisse festgesetzten [Zeit] Zeitdauer, von dem Tage berechnet, an dem die Freiheitsstrafe, neben welcher jene Aberkennung ausgesprochen wurde, verbüßt, verjährt oder erlassen ist, von der Ausübung des Bürgerrechts ausgeschlossen (Reichsstrafgesetzbuch § 36).

Ist gegen einen Bürger wegen eines Verbrechens [die Versetzung in den Anklagestand] oder wegen eines Vergehens, welches die Untersagung der Ausübung der bürgerlichen Ehrenrechte nach sich ziehen muß oder kann, [die Verweisung an das Strafgericht ausgesprochen] das Hauptverfahren eröffnet oder die Anklageschrift Seitens der Staatsanwaltschaft eingereicht, oder ist derselbe zur gerichtlichen Haft gebracht, so ruht die Ausübung des ihm zustehenden Bürgerrechts so lange, bis [die gerichtliche Untersuchung] das Strafprozeßverfahren beendigt ist (Reichsstrafgesetzbuch, § 196).

Verfällt ein Bürger in Konkurs, so verliert er dadurch das Bürgerrecht während der Dauer des Konkursverfahrens. [Die Befähigung, dasselbe wieder zu erlangen, kann ihm nach Beendigung des Konkursverfahrens von den Stadtbehörden verliehen werden, jedoch dem Handelsmann, Schiffsrheder oder Fabrikbesitzer erst nach erfolgter Wiedereinsetzung in den vorigen Stand.] — cfr. § 52 des Preußischen Ausführungsgesetzes zur deutschen Konkursordnung vom 6. März 1879. —

Das Bürgerrecht geht verloren, sobald eines der zur Erlangung desselben vorgeschriebenen Erfordernisse bei dem bis dahin dazu Berechtigten nicht mehr zutrifft.

Die Gemeindevertretung beschließt auf Beschwerden und Einsprüche, betreffend den Besitz oder den Verlust des Bürgerrechts, insbesondere des Rechts zur Theilnahme an den Wahlen zur Gemeindevertretung, sowie des Rechts zur Bekleidung einer den Besitz des Bürgerrechts voraussetzenden Stelle in der Gemeindeverwaltung oder Gemeindevertretung, die Verpflichtung zum Erwerbe oder zur Verleihung des Bürgerrechts, beziehungsweise zur Zahlung von Bürgergewinngeldern und zur Leistung des Bürgereides, die Zugehörigkeit zu einer bestimmten Bürgerklasse (Zust.-G. § 10, Abs. 1).

Der Beschluß der Gemeindevertretung bedarf keiner Genehmigung oder Bestätigung von Seiten des Gemeindevorstandes oder der Aufsichtsbehörde. Gegen den Beschluß der Gemeindevertretung findet die Klage im Verwaltungsstreitverfahren statt. Die Klage steht auch dem Gemeindevorstande zu. Sie hat keine aufschiebende Wirkung (Zust.-G. § 11). Zuständig in erster Instanz ist der Bezirksausschuß. Die Frist zur Anstellung der Klage beträgt zwei Wochen. Die Gemeindevertretung, beziehungsweise der Gemeindevorstand können zur Wahrnehmung ihrer Rechte im Verwaltungsstreitverfahren einen besonderen Vertreter bestellen (Zust.-G. § 21).

§ 8.

Wer in einer Stadt seit einem Jahre mehr als einer der drei höchstbesteuerten Einwohner sowohl an direkten Staats- als an Gemeinde-Abgaben entrichtet, ist, auch ohne im Stadtbezirk zu wohnen oder sich daselbst aufzuhalten, berechtigt, an den Wahlen Theil zu nehmen, falls bei ihm die übrigen Erfordernisse dazu vorhanden sind.

Dasselbe Recht haben juristische Personen, wenn sie in einem solchen Maße in der Gemeinde besteuert sind.

§ 9.

Die Stadtgemeinden sind Korporationen; denselben steht die Selbstverwaltung ihrer Angelegenheiten nach näherer Vorschrift dieses Gesetzes zu.

§ 10.

In den Städten wird ein Magistrat — kollegialischer Gemeindevorstand — und eine Stadtverordnetenversammlung — Gemeindevertretung (Zust.-G.) — gebildet, welche nach näherer Vorschrift dieses Gesetzes dieselben vertreten. Der Magistrat ist die Obrigkeit der

Stadt und verwaltet die städischen Gemeindeangelegenheiten. Die Ausnahme bestimmt Tit. VIII.

§ 11.

Jede Stadt ist befugt, besondere statutarische Anordnungen zu treffen:

1) über solche Angelegenheiten der Stadtgemeinde, sowie über solche Rechte und Pflichten ihrer Mitglieder, hinsichtlich deren das gegenwärtige Gesetz Verschiedenheiten gestattet oder keine ausdrücklichen Bestimmungen enthält;
2) über sonstige eigenthümliche Verhältnisse und Einrichtungen, insbesondere hinsichtlich der den gewerblichen Genossenschaften bei Eintheilung der stimmfähigen Bürger und bei Bildung der Wahlversammlungen und der städtischen Vertretung zu gewährenden angemessenen Berücksichtigung.

Dergleichen Anordnungen bedürfen der Bestätigung des [Oberpräsidenten] Bezirksausschusses (Zust.-G. § 16, Abs. 3).

---

## Titel II.

### Von der Zusammensetzung und Wahl der Stadtverordnetenversammlung.

§ 12.

Die Stadtverordnetenversammlung besteht aus 12 Mitgliedern in Stadtgemeinden von weniger als 2500 Einwohnern,

| | | | | |
|---|---|---|---|---|
| aus 18 Mitgl. | in Gem. v. | 2500— | 5000 | Einw. |
| „ 24 „ | „ „ „ | 5001— | 10 000 | „ |
| „ 30 „ | „ „ „ | 10 001— | 20 000 | „ |
| „ 36 „ | „ „ „ | 20 001— | 30 000 | „ |

In Gemeinden von mehr als 30 000 Einwohnern treten für jede weiteren 20 000 Einwohner sechs Stadtverordnete hinzu.

Wo die Zahl der Stadtverordneten bisher eine andere gewesen ist, verbleibt es bei dieser Zahl, bis durch statutarische Anordnung, welcher überhaupt abweichende Festsetzungen über die Zahl der Stadtverordneten vorbehalten werden, eine Aenderung getroffen ist.

§ 13.

Zum Zweck der Wahl der Stadtverordneten werden die stimmfähigen Bürger (§§ 5 bis 8) nach Maßgabe der von ihnen zu entrichtenden direkten Staatssteuern (Grund-, Einkommen-, Klassen- und Gewerbesteuer) und Gemeindesteuern in drei Abtheilungen getheilt.

Die erste Abtheilung besteht aus denjenigen, auf welche die höchsten Beträge bis zum Belauf eines Drittels des Gesammtbetrages der Steuern aller stimmfähigen Bürger fallen.

Die übrigen stimmfähigen Bürger bilden die zweite und dritte Abtheilung, die zweite reicht bis zum zweiten Drittel der Gesammtsteuer aller stimmfähigen Bürger.

In die erste, beziehungsweise zweite Abtheilung gehört auch derjenige, dessen Steuerbetrag nur theilweise in das erste, beziehungsweise zweite Drittel fällt.

Steuern, die für Grundbesitz oder Gewerbebetrieb in einer anderen Gemeinde entrichtet werden, sowie die Steuer für die im Umherziehen betriebenen Gewerbe, sind bei der Bildung der Abtheilungen nicht anzurechnen.

Kein Wähler kann zweien Abtheilungen zugleich angehören.

Läßt sich weder nach dem Steuerbetrage, noch nach der alphabetischen Ordnung der Namen bestimmen, welcher unter mehreren Wählern zu einer bestimmten Abtheilung zu rechnen ist, so entscheidet das Loos.

Jede Abtheilung wählt ein Drittel der Stadtverordneten, ohne dabei an die Wähler der Abtheilung gebunden zu sein.

## § 14.

Gehören zu einer Abtheilung mehr als fünfhundert Wähler, so kann die Wahl derselben nach dazu gebildeten Wahlbezirken geschehen.

Enthält eine Stadtgemeinde mehrere Ortschaften, so kann dieselbe mit Rücksicht hierauf in Wahlbezirke eingetheilt werden.

Die Anzahl und die Grenzen der Wahlbezirke, sowie die Anzahl der von einem jeden derselben zu wählenden Stadtverordneten, werden nach Maßgabe der Zahl der stimmfähigen Bürger von dem Magistrat festgesetzt.

§ 15.

Bei Stadtgemeinden, welche mehrere Ortschaften enthalten, kann [die Regierung] der Bezirksausschuß durch Beschluß (Zust. = G. § 12 sub 1) nach Verhältniß der Einwohnerzahl bestimmen, wie viel Mitglieder der Stadtverordnetenversammlung aus jeder einzelnen Ortschaft zu wählen sind.

§ 16.

Die Hälfte der von jeder Abtheilung zu wählenden Stadtverordneten muß aus Hausbesitzern (Eigenthümern, Nießbrauchern und solchen, die ein erbliches Besitzrecht haben) bestehen.

§ 17.

Stadtverordnete können nicht sein:

1) diejenigen Beamten und die Mitglieder derjenigen Behörden, durch welche die Aufsicht des Staats über die Städte ausgeübt wird (§ 76);

2) die Mitglieder des Magistrats und alle besoldeten Gemeindebeamten (die Ausnahmen bestimmen §§ 72 und 73);
3) die Geistlichen, Kirchendiener und Elementarlehrer;
4) die richterlichen Beamten, zu denen jedoch die technischen Mitglieder der Handels-, Gewerbe- und ähnlicher Gerichte nicht zu zählen sind;
5) die Beamten der Staatsanwaltschaft;
6) die Polizeibeamten.

Vater und Sohn, sowie Brüder, dürfen nicht zugleich Mitglieder der Stadtverordneten-Versammlung sein. Sind dergleichen Verwandte zugleich erwählt, so wird der ältere allein zugelassen.

§ 18.

Die Stadtverordneten werden auf sechs Jahre gewählt. Jedoch verliert jede Wahl ihre Wirkung, sobald einer der Fälle eintritt, in denen nach den Bestimmungen im § 7 der Gewählte des Bürgerrechts verlustig geht oder von der Ausübung desselben für eine gewisse Zeit ausgeschlossen wird.

Tritt einer der Fälle ein, in denen nach jenen Bestimmungen die Ausübung des Bürgerrechts ruhen muß, so ist der Gewählte zugleich von der Theilnahme an den Geschäften der

Stadtverordneten-Versammlung einstweilen bis zum Austrage der Sache ausgeschlossen.

Alle zwei Jahre scheidet ein Dritttheil der Mitglieder aus und wird durch neue Wahlen ersetzt. Die das erste und zweite Mal Ausscheidenden werden für jede Abtheilung durch das Loos bestimmt.

§ 19.

Eine Liste der stimmfähigen Bürger, welche die erforderlichen Eigenschaften derselben nachweist, wird von dem Magistrate geführt und alljährlich im Juli berichtigt.

Die Liste wird nach den Wahlabtheilungen und im Falle des § 14 nach den Wahlbezirken eingetheilt.

§ 20.

Vom 1. bis 15 Juli schreitet der Magistrat zur Berichtigung der Liste.

Vom 15. bis zum 30. Juli wird die Liste in einem oder mehreren zur öffentlichen Kenntniß gebrachten Lokalen in der Stadtgemeinde offen gelegt.

Während [dieser Zeit] *der Dauer der Auslegung* kann jeder Einwohner der Stadtgemeinde gegen die Richtigkeit der Liste bei dem Magistrate [Einwendungen] *Einsprüche* erheben. (Zust.-G. § 10, Abs. 2.)

Die Stadtverordneten-Versammlung hat darüber bis zum 15. August zu beschließen; der Beschluß bedarf [der] keiner Zustimmung des Magisträts. Gegen den Beschluß findet die Klage im Verwaltungsstreitverfahren statt. Die Klage steht auch dem Gemeindevorstande zu. Sie hat keine aufschiebende Wirkung. (Zust.-G. § 11.) Zuständig in erster Instanz ist der Bezirksausschuß. Die Frist zur Anstellung der Klage beträgt zwei Wochen. Die Gemeindevertretung, beziehungsweise der Gemeindevorstand können zur Wahrnehmung ihrer Rechte im Verwaltungsstreitverfahren einen besonderen Vertreter bestellen. (Zust.-G. § 21.)

Soll der Name eines einmal in die Liste aufgenommenen Einwohners wieder ausgestrichen werden, so ist ihm dieses acht Tage vorher von dem Magistaat unter Angabe der Gründe mitzutheilen. Die Gemeindevertretung beschließt über die Richtigkeit der Gemeindewählerliste. (Zust.-G. § 10 sub 2.)

## § 21.

Die Wahlen zur regelmäßigen Ergänzung der Stadtverordnetenversammlung finden alle zwei Jahre im November statt. Die Wahlen der dritten Abtheilung erfolgen zuerst, die der ersten zuletzt.

Außergewöhnliche Wahlen zum Ersatze innerhalb der Wahlperiode ausgeschiedener Mitglieder müssen angeordnet werden, wenn die Stadtverordnetenversammlung oder der Magistrat [oder die Regierung] es für erforderlich erachten, oder der Bezirksausschuß es beschließt. (Zust.-G. § 12 sub 2.) Der Ersatzmann bleibt nur bis zum Ende derjenigen Wahlperiode in Thätigkeit, auf welche der Ausgeschiedene gewählt war.

Alle Ergänzungs- oder Ersatzwahlen werden von denselben Abtheilungen und Wahlbezirken — § 14 — vorgenommen, von denen der Ausgeschiedene gewählt war. Ist die Zahl der zu wählenden Stadtverordneten nicht durch drei theilbar, so ist, wenn nur Einer übrig bleibt, dieser von der zweiten Abtheilung zu wählen. Bleiben zwei übrig, so wählt die erste Abtheilung den Einen und die dritte Abtheilung den Andern.

## § 22.

Der Magistrat hat jederzeit die nöthigen Bestimmungen zur Ergänzung der erforderlichen Anzahl von Hausbesitzern (§ 16) zu treffen.

Ist die Zahl der Hausbesitzer, welche zu wählen sind, nicht durch die Zahl der Wahlbezirke theilbar, so wird die Vertheilung auf die einzelnen Wahlbezirke durch das Loos bestimmt.

Mit dieser Beschränkung können die ausscheidenden Stadtverordneten jederzeit wieder gewählt werden.

§ 23.

Vierzehn Tage vor der Wahl werden die in der Liste (§§ 19 und 20) verzeichneten Wähler durch den Magistrat zu den Wahlen mittelst schriftlicher Einladung oder ortsüblicher Bekanntmachung berufen.

Die Einladung oder Bekanntmachung muß das Lokal, die Tage und die Stunden, in welchen die Stimmen bei dem Wahlvorstande abzugeben sind, genau bestimmen.

§ 24.

Der Wahlvorstand besteht in jedem Wahlbezirk aus dem Bürgermeister oder einem von diesem ernannten Stellvertreter als Vorsitzenden und aus zwei von der Stadtverordneten-Versammlung gewählten Beisitzern. Für jeden Beisitzer wird von der Stadtverordneten-Versammlung ein Stellvertreter gewählt.

§ 25.

Jeder Wähler muß dem Wahlvorstande mündlich und vernehmlich zu Protokoll erklären, wem er seine Stimme geben will. Er hat so viele Personen zu bezeichnen, als zu wählen sind.

Nur die in § 8 erwähnten juristischen oder außerhalb des Stadtbezirks wohnenden, höchstbesteuerten Personen können ihr Stimmrecht durch Bevollmächtigte ansüben. Die Bevollmächtigten müssen selbst stimmfähige Bürger sein. Ist die Vollmacht nicht in beglaubigter Form ausgestellt, so entscheidet über die Anerkennung derselben der Wahlvorstand endgültig.

§ 26.

Gewählt sind diejenigen, welche bei der ersten Abstimmung die meisten Stimmen und zugleich die absolute Stimmenmehrheit (mehr als die Hälfte der Stimmen) erhalten haben.

Wenn sich bei der ersten Abstimmung nicht für so viele Personen, als zu wählen sind, die absolute Stimmenmehrheit ergeben hat, so wird zu einer zweiten Wahl geschritten.

Der Wahlvorstand stellt die Namen derjenigen Personen, welche nächst den Gewählten die meisten Stimmen erhalten haben, so weit zusammen, daß die doppelte Zahl der noch zu wählenden Mitglieder erreicht wird. Diese Zusammenstellung gilt alsdann als die Liste der Wählbaren.

Zu der zweiten Wahl werden die Wähler durch eine das Ergebniß der ersten Wahl angebende Bekanntmachung des Wahlvorstandes sofort oder spätestens innerhalb acht Tagen aufgefordert. Bei der zweiten Wahl ist die absolute Stimmenmehrheit nicht erforderlich.

Unter denjenigen, die eine gleiche Anzahl von Stimmen erhalten haben, giebt das Loos den Ausschlag. Wer in mehreren Abtheilungen oder Bezirken gewählt ist, hat zu erklären, welche Wahl er annehmen will.

§ 27.

Die Wahlprotokolle sind von dem Wahlvorstande zu unterzeichnen und vom Magistrat aufzubewahren. Der Magistrat hat das Ergebniß der vollendeten Wahlen sofort bekannt zu machen.

Gegen das stattgehabte Wahlverfahren kann von jedem stimmfähigen Bürger innerhalb [zehn Tagen nach der Bekanntmachung bei der Aufsichtsbehörde Beschwerde] zwei Wochen nach Bekanntmachung des Wahlergebnisses bei dem Gemeindevorstande Einspruch erhoben werden. (Zust. G. § 10, Abs. 2.) [Bei erheblichen Unregelmäßigkeiten hat die Aufsichtsbehörde die Wahlen auf erfolgte Beschwerde oder von Amtswegen innerhalb zwanzig Tagen nach der Bekanntmachung durch eine motivirte Entscheidung für ungültig zu erklären.] Die Gemeindevertretung beschließt über die Gültigkeit der Wahlen. (Zust. G. § 10 sub 2.) Der Beschluß bedarf keiner Genehmigung oder Bestätigung von Seiten des Gemeindevorstandes oder der Aufsichtsbehörde. Gegen den Beschluß der Gemeindevertretung findet die Klage im Verwaltungsstreitverfahren statt. Die Klage steht auch dem Gemeindevorstande zu. Sie hat keine aufschiebende Wirkung, jedoch dürfen Ersatzwahlen vor ergangener rechtskräftiger Entscheidung nicht vorgenommen werden. (Zust. G. § 11.) Zuständig in erster Instanz ist der Bezirksausschuß. Die Frist zur Anstellung der Klage beträgt zwei Wochen. Die Gemeindevertretung bezw. der Gemeindevorstand können zur Wahrnehmung ihrer Rechte im Verwaltungsstreitverfahren einen besonderen Vertreter bestellen. (Zust.G. § 21.)

§ 28.

Die bei der regelmäßigen Ergänzung neu gewählten Stadtverordneten treten mit dem Anfang des nächstfolgenden Jahres ihre Verrichtungen an; die Ausscheidenden bleiben bis zur Einführung der neugewählten Mitglieder in Thätigkeit.

Der Magistrat hat die Einführung der Gewählten und deren Verpflichtung durch Handschlag an Eidesstatt anzuordnen.

## Titel III.

### Von der Zusammensetzung und Wahl des Magistrats.

§ 29.

Der Magistrat besteht aus dem Bürgermeister, einem Beigeordneten oder zweiten Bürgermeister als dessen Stellvertreter, einer Anzahl von Schöffen (Stadträthen, Rathsherren, Rathsmännern) und, wo das Bedürfniß es erfordert, noch aus einem oder mehreren besoldeten Mitgliedern (Syndikus, Kämmerer, Schulrath, Baurath ꝛc.). Es gehören zum Magistrat in Stadtgemeinden von weniger als

| | | | | |
|---|---|---|---|---|
| | 2 500 | Einwohnern | 2 | Schöffen, |
| 2 501 bis | 10 000 | „ | 4 | „ |
| 10 001 „ | 30 000 | „ | 6 | „ |

Bei mehr als 30 000 Einwohnern treten für jede weiteren 20 000 Einwohner zwei Schöffen hinzu.

Wo die Zahl der Mitglieder des Magistrats bisher eine andere gewesen ist, verbleibt es bei dieser Zahl, bis durch statutarische Anordnung, welcher überhaupt abweichende Festsetzungen über die Zahl der Magistratsmitglieder vorbehalten werden, eine Änderung getroffen ist.

§ 30.

Mitglieder des Magistrats können nicht sein:

1) diejenigen Beamten und die Mitglieder der-

jenigen Behörden, durch welche die Aufsicht des Staats über die Städte ausgeübt wird (§ 76);

2) die Stadtverordneten und Gemeinde-Unterbeamten;

3) Geistliche, Kirchendiener und Lehrer an öffentlichen Schulen;

4) die richterlichen Beamten, zu denen jedoch die technischen Mitglieder der Handels-, Gewerbe- und ähnlicher Gerichte nicht zu zählen sind;

5) die Beamten der Staatsanwaltschaft;

6) die Polizeibeamten.

Vater und Sohn, Schwiegervater und Schwiegersohn, Brüder und Schwäger dürfen nicht zugleich Mitglieder des Magistrats sein.

Entsteht die Schwägerschaft im Laufe der Wahlperiode, so scheidet dasjenige Mitglied aus, durch welches das Hinderniß herbeigeführt worden ist.

Vater und Sohn, Schwiegervater und Schwiegersohn, sowie Brüder, dürfen nicht zugleich Mitglieder des Magistrats und der Stadtverordneten-Versammlung sein.

Personen, welche die in dem Gesetz vom 7. Februar 1835 (G.-S. S. 18) bezeichneten Gewerbe betreiben, können nicht Bürgermeister sein.

§ 31.

Die Beigeordneten und die Schöffen — § 29 — werden auf sechs Jahre, der Bürgermeister und die übrigen besoldeten Magistratsmitglieder auf zwölf Jahre von den Stadtverordneten gewählt. Auch können Beigeordnete mit Besoldung angestellt werden, und erfolgt in diesem Falle deren Wahl gleichfalls auf zwölf Jahre. Die Wahl des Bürgermeisters und der übrigen besoldeten Magistratsmitglieder kann auch auf Lebenszeit erfolgen. Alle drei Jahre scheidet die Hälfte der Schöffen aus und wird durch neue Wahlen ersetzt. Die das erstemal Ausscheidendeu werden durch das Loos bestimmt. Die Ausscheidenden können wieder gewählt werden.

Wegen der außergewöhnlichen Ersatzwahlen findet die Bestimmung im § 21 Anwendung. Ueber die Vornahme außergewöhnlicher Ersatzwahlen kann auch der Bezirksausschuß beschließen (Zust.-G. § 12 sub 2).

§ 32.

Für jedes zu wählende Mitglied des Magistrats wird besonders abgestimmt; die Wahl erfolgt durch Stimmzettel. Wird die absolute Stimmenmehrheit bei der ersten Abstimmung nicht erreicht, so werden diejenigen vier Personen, auf welche die meisten Stimmen gefallen sind, auf eine engere Wahl gebracht. Wird auch hierdurch die absolute Stimmenmehrheit nicht erreicht, so findet unter denjenigen zwei Personen, welche bei der zweiten Abstimmung die meisten Stimmen erhalten haben, eine engere Wahl statt. Bei Stimmengleichheit entscheidet das Loos.

§ 33.

Die gewählten Bürgermeister, Beigeordneten, Schöffen und besoldeten Magistratsmitglieder bedürfen der Bestätigung. Die Bestätigung steht zu:

1) Dem Könige hinsichtlich der Bürgermeister und Beigeordneten in Städten von mehr als 10 000 Einwohnern,
2) [der Regierung] dem Regierungs-Präsidenten (Zust.-G. § 13, Abs. 1) hinsichtlich der Bürgermeister und Beigeordneten in Städten, welche nicht über 10 000 Einwohner haben, sowie hinsichtlich der Schöffen und der besoldeten Magistratsmitglieder in allen Städten ohne Unterschied ihrer Größe.

Die Bestätigung kann Seitens des Regierungs-Präsidenten nur unter Zustimmung des Bezirksausschusses versagt werden. Lehnt der Bezirksausschuß die Zustimmung ab, so kann dieselbe auf den Antrag des Regierungspräsidenten durch den Minister des Innern ergänzt werden. Wird die Bestätigung vom Regierungs-präsidenten unter Zustimmung des Beszirksausschusses versagt, so kann dieselbe auf Antrag des Gemeindevor-standes oder der Gemeindevertretung von dem Minister des Innern ertheilt werden. (Zust.-G. § 13, Abs. 2 und 3).

Wird die Bestätigung versagt, so schreitet die Stadtverordnetenversammlung zu einer neuen Wahl. Wird auch diese Wahl nicht bestätigt, so ist [die Regierung] der Regierungs-Präsident (Zust.-G. § 7) berechtigt, die Stelle einstweilen auf Kosten der Stadt kommissarisch verwalten zu lassen.

Dasselbe findet statt, wenn die Stadt-verordneten die Wahl verweigern oder den nach der ersten Wahl nicht Bestätigten wieder er-wählen sollten.

Die kommissarische Verwaltung dauert so lange, bis die Wahl der Stadtverordneten-versammlung, deren wiederholte Vornahme ihr jederzeit zusteht, die Bestätigung des Königs, beziehungsweise [der Regierung] des Re-gierungs-Präsidenten (Zust.-G. § 7) erlangt hat.

§ 34.

Die Mitglieder des Magistrats werden vor ihrem Amtsantritte durch den Bürgermeister in öffentlicher Sitzung der Stadtverordnetenversammlung in Eid und Pflicht genommen; der Bürgermeister wird vom Regierungs-Präsidenten oder einem von diesem zu ernennenden Commissar in öffentlicher Sitzung der Stadtverordneten-Versammlung vereidet.

---

## Titel IV.

### Von den Versammlungen und Geschäften der Stadtverordneten.

§ 35.

Die Stadtverordnetenversammlung beschließt:

1) auf Beschwerden und Einsprüche, betreffend den Besitz oder den Verlust des Bürgerrechts, insbesondere des Rechts zur Theilnahme an den Wahlen zur Gemeindevertretung sowie des Rechts zur Bekleidung einer den Besitz des Bürgerrechts voraussetzenden Stelle in der Gemeindeverwaltung oder Gemeindevertretung; die Verpflichtung zum Erwerbe oder zur Verleihung des Bürgerrechts, beziehungsweise zur Zahlung von Bürgergewinngeldern — Ausfertigungsgebühren — und

zur Leistung des Bürgereides; die Zugehörigkeit zu einer bestimmten Bürgerklasse; die Richtigkeit der Gemeindewählerliste;

2) über die Gültigkeit der Wahlen zur Gemeindevertretung;

3) über die Berechtigung zur Ablehnung oder Niederlegung von Aemtern und Stellen in der Gemeindeverwaltung oder Vertretung; über die Nachtheile, welche gegen Mitglieder der Stadtgemeinde wegen Nichterfüllung der ihnen nach der Gemeindeverfassungsgesetzen obliegenden Pflichten, sowie über die Strafen, welche gegen Mitglieder der Gemeindevertretung wegen Zuwiderhandlungen gegen die Geschäftsordnung nach Maßgabe der Gemeindeverfassungsgesetze zu verhängen sind. (Zust.=G. § 10.)

Der Beschluß der Gemeindevertretung bedarf keiner Genehmigung oder Bestätigung von Seiten des Gemeindevorstandes oder der Aufsichtsbehörde. Gegen den Beschluß der Gemeindevertretung findet die Klage im Verwaltungsstreitverfahren statt. Die Klage steht auch dem Gemeindevorstande zu. Sie hat in den Fällen sub 1 und 2 keine aufschiebende Wirkung; jedoch dürfen Ersatzwahlen vor ergangener rechtskräftiger Entscheidung nicht vorgenommen werden. (Zust.-G. § 11). Zuständig in erster Instanz ist der Bezirksausschuß. Die Frist zur Anstellung der Klage beträgt zwei Wochen. Die Gemeindevertretung, beziehungsweise der Gemeindevorstand können zur Wahrnehmung ihrer Rechte im Verwaltungsstreitverfahren einen besonderen Vertreter bestellen. (Zust.-G § 21.)

Die Stadtverordnetenversammlung hat außerdem über alle Gemeindeangelegenheiten zu beschließen, soweit dieselben nicht ausschließlich dem Magistrate überwiesen sind. Sie giebt ihr Gutachten über alle Gegenstände ab, welche ihr zu diesem Zwecke durch die Aufsichtsbehörde vorgelegt werden. Ueber andere als Gemeindeangelegenheiten dürfen die Stadtverordneten nur dann berathen, wenn solche durch besondere gesetzliche Vorschriften oder in einzelnen Fällen durch Aufträge der Aufsichtsbehörde an sie gewiesen sind.

Die Stadtverordneten sind an keinerlei Instruction oder Aufträge der Wähler oder der Wahlbezirke gebunden.

## § 36.

Die Beschlüsse der Stadtverordneten bedürfen, wenn sie solche Angelegenheiten betreffen, welche durch das Gesetz dem Magistrate zur Ausführung überwiesen sind, der Zustimmung des letzteren. Versagt dieser die Zustimmung, so hat er die Gründe dieser Versagung der Stadtverordnetenversammlung mitzutheilen. Erfolgt hierauf keine Verständigung, zu deren Herbeiführung sowohl von dem Magistrat als den Stadtverordneten die Einsetzung einer gemeinschaftlichen Kommission verlangt werden kann, so [ist die Entscheidung der Regierung einzuholen] beschließt der Bezirksausschuß über die zwischen dem Magistrat und der Stadtverordnetenversammlung entstehenden Meinungsverschiedenheiten, wenn von einem Theile auf Entscheidung angetragen wird, und zugleich die Angelegenheit nicht auf sich beruhen bleiben kann (Zust.-G., § 17, sub 1).

Die Stadtverordnetenversammlung darf ihre Beschlüsse in keinem Falle selbst zur Ausführung bringen.

## § 37.

Die Stadtverordnetenversammlung kontrolirt die Verwaltung. Sie ist daher berechtigt, sich von der Ausführung ihrer Beschlüsse und der

Verwendung aller Gemeinde-Einnahmen Ueberzeugung zu verschaffen. Sie kann zu diesem Zwecke die Akten einsehen und Ausschüsse aus ihrer Mitte ernennen, zu denen der Bürgermeister ein Mitglied des Magistrats abzuordnen befugt ist.

§ 38.

Die Stadtverordnetenversammlung wählt jährlich einen Vorsitzenden, sowie einen Stellvertreter desselben, und einen Schriftführer, sowie einen Stellvertreter desselben, aus ihrer Mitte; doch kann auch die Stelle des Schriftführers ein von den Stadtverordneten nicht aus ihrer Mitte gewählter, in öffentlicher Sitzung hierzu von dem Bürgermeister vereideter Protokollführer vertreten.

Diese Wahl erfolgt in dem § 32 vorgeschriebenen Verfahren.

Die Stadtverordneten versammeln sich, so oft es ihre Geschäfte erfordern.

Der Magistrat wird zu allen Versammlungen eingeladen und kann sich durch Abgeordnete vertreten lassen. Die Stadtverordneten können verlangen, daß Abgeordnete des Magistrats dabei anwesend sind. Der Magistrat muß gehört werden, so oft er es verlangt.

§ 39.

Die Zusammenberufung der Stadtverordneten geschieht durch den Vorsitzenden; sie muß erfolgen, sobald es von einem Viertel der Mitglieder oder von dem Magistrat verlangt wird.

§ 40.

Die Art und Weise der Zusammenberufung wird ein- für allemal von der Stadtverordnetenversammlung festgestellt.

Die Zusammenberufung erfolgt unter Angabe der Gegenstände der Verhandlung; mit Ausnahme dringender Fälle muß dieselbe wenigstens zwei freie Tage vorher statthaben.

§ 41.

Durch Beschluß der Stadtverordneten können auch regelmäßige Sitzungstage festgesetzt, es müssen jedoch auch dann die Gegenstände der Verhandlung, mit Ausnahme dringender Fälle, mindestens zwei freie Tage vorher den Stadtverordneten und dem Magistrat angezeigt werden.

§ 42.

Die Stadtverordnetenversammlung kann nur beschließen, wenn mehr als die Hälfte der Mitglieder zugegen ist. Eine Ausnahme hiervon findet statt, wenn die Stadtverordneten, zum zweiten Male zur Verhandlung über denselben Gegenstand zusammenberufen, dennoch nicht in genügender Anzahl erschienen sind.

Bei der zweiten Zusammenberufung muß auf diese Bestimmung ausdrücklich hingewiesen werden.

§ 43.

Die Beschlüsse werden nach Stimmenmehrheit gefaßt. Bei Stimmengleichheit entscheidet die Stimme des Vorsitzenden. Wer nicht mitstimmt, wird zwar als anwesend betrachtet, die Stimmenmehrheit wird aber lediglich nach der Zahl der Stimmenden festgestellt.

§ 44.

An Verhandlungen über Rechte und Verpflichtungen der Stadtgemeinde darf derjenige nicht Theil nehmen, dessen Interesse mit dem der Gemeinde in Widerspruch steht. Kann wegen dieser Ausschließung eine beschlußfähige Versammlung nicht abgehalten werden, so hat der Magistrat oder, wenn auch dieser aus dem vorgedachten Grunde einen gültigen Beschluß zu fassen nicht befugt ist, [die Regierung] der Bezirksausschuß (Zust.=G. § 17 sub 2) für die Wahrung des Gemeinde=Interesses zu sorgen und nöthigenfalls einen besonderen Vertreter für die Stadtgemeinde zu bestellen. Sollte ein Prozeß der Stadtgemeinde gegen alle oder mehrere Mitglieder des Magistrats aus Veranlassung ihrer Amtsführung nothwendig werden, so hat [die Regierung] der Regierungs-präsident (Zust.-G. § 7) auf Antrag der Stadtverordnetenversammlung zur Führung des Prozesses einen Anwalt zu bestellen.

§ 45.

Die Sitzungen der Stadtverordneten sind öffentlich. Für einzelne Gegenstände kann durch besonderen Beschluß, welcher in geheimer Sitzung gefaßt wird, die Oeffentlichkeit ausgeschlossen werden. Die Sitzungen dürfen nicht in Wirthshäusern oder Schänken gehalten werden.

§ 46.

Der Vorsitzende leitet die Verhandlungen, eröffnet und schließt die Sitzungen und handhabt die Ordnung in der Versammlung. Er kann jeden Zuhörer aus dem Sitzungszimmer entfernen lassen, welcher öffentliche Zeichen des Beifalls oder des Mißfallens giebt oder Unruhe irgend einer Art verursacht.

§ 47.

Die Beschlüsse der Stadtverordnetenversammlung und die Namen der dabei anwesend gewesenen Mitglieder sind in ein besonderes Buch einzutragen. Sie werden von dem Vorsitzenden und wenigstens drei Mitgliedern unterzeichnet.

Dem Magistrate müssen alle Beschlüsse der Stadtverordneten, auch diejenigen, welche ihm durch das Gesetz zur Ausführung nicht überwiesen sind, mitgetheilt werden.

Den Stadtverordnetenversammlungen bleibt überlassen, unter Zustimmung des Magistrats eine Geschäftsordnung abzufassen und darin Zuwiderhandlungen der Mitglieder gegen die zur Aufrechthaltung der Ordnung gegebenen Vorschriften mit Strafen zu belegen; die Strafen können nur in Geldbußen bis zu [fünf Thalern] fünfzehn Mark und bei mehrmals wiederholten Zuwiderhandlungen in der auf eine gewisse Zeit oder für die Dauer der Wahlperiode zu verhängenden Ausschließung aus der Versammlung bestehen. Versagt der Magistrat seine Zustimmung, so tritt das im § 36 vorgeschriebene Verfahren ein.

Die Stadtverordnetenversammlung beschließt über die Strafen, welche gegen Mitglieder derselben wegen Zuwiderhandlungen gegen die Geschäftsordnung nach Maßgabe der Gemeindeverfassungsgesetze zu verhängen sind. (Zust.-G. § 10.) Der Beschluß der Stadtverordnetenversammlung bedarf keiner Genehmigung oder Bestätigung von Seiten des Magistrats oder der Aufsichtsbehörde. Gegen den Beschluß findet die

Klage im Verwaltungsstreitverfahren statt. Die Klage steht auch dem Gemeindevorstande zu. Sie hat keine aufschiebende Wirkung (Zust.-G. § 11). Zuständig in erster Instanz ist der Bezirksausschuß. Die Frist zur Anstellung der Klage beträgt zwei Wochen. Die Gemeindevertretung, beziehungsweise der Gemeindevorstand können zur Wahrung ihrer Rechte im Verwaltungsstreitverfahren einen besonderen Vertreter bestellen. (Zust.-G. § 21.)

§ 48.

Die Stadtverordneten beschließen über die Benutzung des Gemeindevermögens; die Dekl. vom 26. Juli 1847 (G.-S. S. 327) bleibt dabei maßgebend.

Ueber das Vermögen, welches nicht der Gemeinde-Corporation in ihrer Gesammtheit gehört, kann die Stadtverordnetenversammlung nur insofern beschließen, als sie dazu durch den Willen der Betheiligten oder durch sonstige Rechtstitel berufen ist.

Auf das Vermögen der Corporationen und Stiftungen haben die zur Stadtgemeinde gehörenden Einwohner (§ 3) als solche und auf dasjenige Vermögen, welches blos den Hausbesitzern oder anderen Klassen der Einwohner gehört, haben andere Personen keinen Anspruch.

In Ansehung der Verwaltung und Verwendung des Vermögens der Stiftungen bewendet es bei den stiftungsmäßigen Bestimmungen. Soweit es hierbei auf den Begriff von Bürger ankommt, sind die Bestimmungen des gegenwärtigen Gesetzes (§ 5) an sich selbst nicht maßgebend.

## § 49.

Die Genehmigung [der Regierung] des Regierungspräsidenten ist erforderlich:

zur Veräußerung oder wesentlichen Veränderung von Sachen, welche einen besonderen wissenschaftlichen, historischen oder Kunstwerth haben, namentlich von Archiven oder Theilen derselben (Zust.-G., § 16).

Die Genehmigung [der Regierung] des Bezirksausschusses (Zust.-G., § 16) ist erforderlich:

1) zur Veräußerung von Grundstücken und solchen Gerechtsamen, welche jenen gesetzlich gleichgestellt sind;
2) zu Anleihen, durch welche die Gemeinde mit einem Schuldenbestande belastet oder der bereits vorhandene vergrößert wird;

3) zu Veränderungen in dem Genusse von Gemeindenutzungen (Wald, Weide, Haide, Torfstich und dergleichen).

Hinsichtlich der Verwaltung der Gemeindewaldung bewendet es bei den bestehenden Bestimmungen. (Zust. G. § 16. Abs. 2).

§ 50.

Die freiwillige Veräußerung von Grundstücken rc. (§ 49 Nr. 1) darf nur im Wege der Lizitation auf Grund einer Taxe stattfinden.

Zur Gültigkeit der Lizitation gehört:

1) eine öffentlich auszuhängende Ankündigung und Ausruf;
2) einmalige Bekanntmachung durch das Amtsblatt der Regierung oder durch ein im Kreise erscheinendes Blatt;
3) eine Frist von sechs Wochen von der Bekanntmachung bis zum Lizitationstermine, und
4) Abhaltung dieses Termines durch eine Justiz- oder Magistratsperson.

Bei Veräußerung von Grundstücken, welche nicht mit Gebäuden besetzt sind, kann ein beglaubigter Auszug aus dem Grundsteuerkataster die Stelle der Taxe vertreten, und, wenn der Katastral-Reinertrag solcher Grundstücke sechs Mark nicht übersteigt, die unter 2 erwähnte Bekanntmachung unterbleiben.

Das Ergebniß der Lizitation ist der Stadtverordnetenversammlung mitzutheilen, und kann nur mit deren Genehmigung der Zuschlag ertheilt werden.

In besonderen Fällen kann [die Regierung] der Bezirksausschuß (Zust.-G. § 16, Abs. 3) auch den Verkauf aus freier Hand sowie einen Tausch gestatten, sobald [sie] er sich überzeugt, daß der Vortheil der Gemeinde dadurch gefördert wird.

Für die Hypothekenbehörde genügt zum Nachweise, daß der Vorschrift dieses Paragraphen genügt worden, die Bestätigung des Vertrages durch [die Regierung] den Bezirksausschuß (Zust.-G. § 16, Abs. 3).

Verpachtungen von Grundstücken und Gerechtsamen der Stadtgemeinden müssen öffentlich an den Meistbietenden geschehen; Ausnahmen hiervon sind nur mit Genehmigung [der Aufsichtsbehörde] des Bezirksausschusses (Zust.-G. § 16, Abs. 3) gestattet.

## § 51.

Durch Gemeindebeschluß kann die Erhebung eines Einzugsgeldes nicht angeordnet und von dessen Entrichtung die Niederlassung in der Gemeinde nicht abhängig gemacht werden, da die Gemeinde nicht befugt ist, von neu Anziehenden wegen des Anzugs eine

Abgabe zu erheben. (Reichsgesetz über die Freizügigkeit vom 1. Novbr. 1867.)

Dagegen kann von Allen, sowohl von den Neuanziehenden als von denen, welche der Gemeinde bereits angehörig sind, bei der Begründung eines selbstständigen Hausstandes eine Abgabe — Eintritts- oder Hausstands-geld — gefordert, und von deren Entrichtung die Theilnahme an dem Bürgerrecht — § 5 — abhängig gemacht werden.

Die Theilnahme an den Gemeindenutzungen — § 49 Nr. 4 — kann außerdem von der Entrichtung einer jährlichen Abgabe und anstatt oder neben derselben von Entrichtung eines Einkaufsgeldes abhängig gemacht werden, durch deren Entrichtung aber die Ausübung des Bürgerrechts niemals bedingt wird.

Alle derartigen Beschlüsse bedürfen der Genehmigung [der Regierung] des Bezirksausschusses. (Zust.-G. § 16, Abs. 3.)

Beamte, denen in Folge dienstlicher Verpflichtung ihr Aufenthalt in einem Stadtbezirke angewiesen ist, sind zur Entrichtung des Einzugsgeldes und des Hausstandsgeldes nicht verpflichtet.

Die mit dem Besitze einzelner Grundstücke verbundenen oder auf sonstigen besonderen Rechtstiteln beruhenden Nutzungsrechte sind den Bestimmungen dieses Paragraphen nicht unterworfen.

§ 52.

Soweit die Einnahmen aus dem städtischen Vermögen nicht hinreichen, um die durch das Bedürfniß oder die Verpflichtungen der Gemeinde erforderlichen Geldmittel zu beschaffen, können die Stadtverordneten die Aufbringung von Gemeindesteuern beschließen.

Diese können bestehen:

I. In Zuschlägen zu den Staatssteuern, wobei folgende Bestimmungen gelten:
1) die Steuer für den Gewerbebetrieb im Umherziehen darf nicht belastet werden;
2) bei den Zuschlägen zur Klassen- und klassifizirten Einkommensteuer muß jedenfalls das außerhalb der Gemeinde belegene Grundeigenthum außer Berechnung bleiben;
3) die Genehmigung [der Regierung] des Bezirksausschusses (Zust. G. § 16, Abs. 3) ist erforderlich für Zuschläge zu den direkten Steuern, wenn der Zuschlag entweder fünfzig Prozent der Staatssteuern übersteigen oder nicht nach gleichen Sätzen auf diese Steuern vertheilt werden soll. Zur Freilassung oder geringeren Belastung der letzten Klassensteuerstufe bedarf es dieser Genehmigung nicht,

II. In besonderen direkten oder indirekten Gemeindesteuern, welche der Genehmigung [der Regierung] des Bezirksausschusses (Zust. G. § 16, Abs. 3) bedürfen, wenn sie neu eingeführt, erhöht oder in ihren Grundsätzen verändert werden sollen. Die bestehenden direkten Komunal-Einkommensteuern werden einer erneuten Prüfung und Genehmigung [der Regierung] des Bezirksausschusses (Zust. G. § 16, Abs. 3) unterworfen.

Soweit es sich um die Aufbringung der Gemeindeabgaben und Dienste handelt, steht aus Gründen des öffentlichen Interesses gegen den auf Beschwerde ergehenden Beschluß des Provinzialraths dem Vorsitzenden des letzteren die Einlegung der weiteren Beschwerde an die Minister des Innern und der Finanzen zu. Hierbei finden die Bestimmungen des § 123 des Gesetzes über die allgemeine Landesverwaltung vom 30. Juli 1883 Anwendung.

Die Bestätigung (Genehmigung) von Gemeindebeschlüssen, durch welche besondere direkte oder indirekte Gemeindesteuern neu eingeführt oder in ihren Grundsätzen verändert werden, bedarf der Zustimmung der Minister des

Innern und der Finanzen. (Zust. G. § 16, Abs. 4 und 5.)

§ 53.

Die Gemeinde kann durch Beschluß der Stadtverordneten zur Leistung von Diensten (Hand- und Spanndiensten) behufs Ausführung von Gemeindearbeiten verpflichtet werden; die Dienste werden in Geld abgeschätzt, die Vertheilung geschieht nach dem Maßstabe der Gemeindeabgaben oder in deren Ermangelung nach dem Maßstabe der direkten Steuern. Abweichungen von dieser Vertheilungsart bedürfen der Genehmigung [der Regierung] des Bezirksausschusses (Zust.-G. § 16, Abs. 3). Die Dienste können, mit Ausnahme von Nothfällen, durch taugliche Stellvertreter abgeleistet oder nach der Abschätzung an die Gemeindekasse bezahlt werden.

§ 54.

Bei der Verwaltung der Gemeindewaldungen sind die V. v. 24. Dez. 1816 und die in Gemäßheit derselben erlassenen und zu erlassenden Reglements zu beachten.

§ 55.

Der Gemeindeeinnehmer wird von den Stadtverordneten gewählt, welche auch die von demselben, sowie von anderen Gemeindebeamten zu leistenden Kautionen zu bestimmen haben.

## Titel V.

### Von den Gesetzen des Magistrats.

### § 56.

Der Magistrat hat als Ortsobrigkeit und Gemeindeverwaltungsbehörde insbesondere folgende Geschäfte:

1) die Gesetze und Verordnungen sowie die Verfügungen der ihm vorgesetzten Behörden auszuführen;
2) die Beschlüsse der Stadtverordnetenversammlung vorzubereiten und, sofern er sich mit denselben einverstanden erklärt, zur Ausführung zu bringen.

Der Magistrat ist verpflichtet, die Zustimmung und Ausführuug zu versagen, wenn von den Stadtverordneten ein Beschluß gefaßt ist, welcher deren Befugnisse überschreitet, gesetz- oder rechtswidrig ist, das Staatswohl oder das Gemeinde-Interesse verletzt. In Fällen dieser Art ist nach den Bestimmungen im § 36 zu verfahren. Dasselbe gilt für den Fall, wenn der Magistrat die Ernennung des gewählten Einnehmers — § 55 — beanstanden zu müssen glaubt.

Der Magistrat hat auch Beschlüsse der Stadtverordnetenversammlung, welche deren Befugnisse überschreiten oder die Gesetze verletzen, entstehenden Falles auf Anweisung der Aufsichtsbehörde, mit aufschiebender Wirkung, unter Angabe der Gründe zu beanstanden. Gegen die Verfügung des Magistrats steht der Stadtverordnetenversammlung die Klage im Verwaltungsstreitverfahren zu. (Zust.-G. § 15, Abs. 1);

3) die städtischen Gemeindeanstalten zu verwalten und diejenigen, für welche besondere Verwaltungen eingesetzt sind, zu beaufsichtigen;

4) die Einkünfte der Stadtgemeinde zu verwalten, die auf dem Etat oder besonderen Beschlüssen der Stadtverordneten beruhenden Einnahmen und Ausgaben anzuweisen und das Rechnungs- und Kassenwesen zu überwachen.

Von jeder regelmäßigen Kassenrevision ist der Stadtverordnetenversammlung Kenntniß zu geben, damit sie ein Mitglied oder mehrere abordnen könne, um diesem Geschäfte beizuwohnen; bei außerordentlichen Kassenrevisionen ist der Vorsitzende oder ein von demselben ein- für allemal bezeichnetes Mitglied der Stadtverordnetenversammlung zuzuziehen;

5) das Eigenthum der Stadtgemeinde zu verwalten und ihre Rechte zu wahren;
6) die Gemeindebeamten, nachdem die Stadtverordneten darüber vernommen worden, anzustellen und dieselben, einschließlich des Gemeindeeinnehmers — § 55 — zu beaufsichtigen; die Anstellung erfolgt, soweit es sich nicht um vorübergehende Dienstleistungen handelt, auf Lebenszeit; doch können diejenigen Unterbeamten, welche nur zu mechanischen Dienstleistungen bestimmt sind, auf Kündigung angenommen werden;
7) die Urkunden und Akten der Stadtgemeinde aufzubewahren;
8) die Stadtgemeinde nach außen zu vertreten und Namens derselben mit Behörden und Privatpersonen zu verhandeln, den Schriftwechsel zu führen und die Gemeindeurkunden in der Urschrift zu vollziehen. Die Ausfertigungen der Urkunden werden Namens der Stadtgemeinde von dem Bürgermeister oder seinem Stellvertreter gültig unterzeichnet; werden in denselben Verpflichtungen der Stadtgemeinde übernommen, so muß noch die Unterschrift eines Magistratsmitgliedes hinzukommen; in Fällen, wo die Genehmigung der Aufsichtsbehörde erforderlich ist, muß dieselbe in beglaubigter Form der gedachten Ausfertigung beigefügt werden;

9) die städtischen Gemeindeabgaben und Dienste nach den Gesetzen und Beschlüssen auf die Verpflichteten zu vertheilen, die Hebelisten (Rollen) aufzustellen und, nachdem sie vom Bürgermeister vollstreckbar erklärt sind, die Beitreibung zu verfügen. Die Hebelisten müssen, bevor dieselben vollstreckbar erklärt werden, vierzehn Tage offen gelegt sein.

10) Auf Beschwerden und Einsprüche, betreffend:

a. das Recht zur Mitbenutzung der öffentlichen Gemeindeanstalten, sowie zur Theilnahme an den Nutzungen und Erträgen des Gemeindevermögens,

b. die Heranziehung oder die Veranlagung zu den Gemeindelasten,

zu beschließen.

Gegen den Beschluß findet die Klage im Verwaltungsstreitverfahren beim Bezirksausschusse binnen zwei Wochen statt. Der Magistrat kann zur Wahrnehmung seiner Rechte in dem Verwaltungsstreitverfahren einen besonderen Vertreter bestellen. (Zust.=G. § 18 und 21.) Gegen die Entscheidung des Bezirksausschusses in den Fällen unter b ist nur das Rechtsmittel der Revision zulässig. (Zust.-G. § 21.)

Der Entscheidung im Verwaltungsstreitverfahren unterliegen desgleichen Streitigkeiten zwischen Betheiligten über ihre in dem öffentlichen Rechte begründete Berechtigung oder Verpflichtung zu den sub a und b bezeichneten Nutzungen, beziehungsweise Lasten.

Einsprüche gegen die Höhe von Gemeindezuschlägen zu den direkten Staatssteuern, welche sich gegen den Prinzipalsatz der letzteren richten, sind unzulässig.

Die Beschwerden und die Einsprüche sowie die Klage haben keine aufschiebende Wirkung (Zust.-G., § 18, Abs. 3, 4 und 5).

## § 57.

Der Magistrat kann nur beschließen, wenn mehr als die Hälfte seiner Mitglieder zugegen ist.

Die Beschlüsse werden nach Stimmenmehrheit gefaßt.

Bei Stimmengleichheit ist die Stimme des Vorsitzenden entscheidend. Den Vorsitz führt der Bürgermeister oder sein Stellvertreter. Der Vorsitzende ist verpflichtet, wenn ein Beschluß des Magistrats [dessen Befugnisse überschreitet, gesetz- oder rechtswidrig ist] das Staatswohl oder das Gemeinde-Interesse verletzt, die Ausführung eines solchen Beschlusses zu beanstanden und die Entscheidung [der Regierung] des Bezirks-ausschusses (Zust.-G. § 17 sub 1) einzuholen. Der Bürgermeister hat ferner Beschlüsse des Magistrats, welche dessen Befugnisse überschreiten oder die Gesetze verletzen, entstehenden Falles auf Anweisung der Aufsichtsbehörde, mit aufschiebender Wirkung, unter Angabe der Gründe zu beanstanden. Gegen die Verfügung des Bürgermeisters steht dem Magistrate die Klage im Verwaltungsstreitverfahren bei dem Bezirksausschusse binnen zwei Wochen zu. Der Magistrat kann zur Wahrnehmung seiner Rechte im Verwaltungsstreitverfahren einen besonderen Vertreter bestellen. (Zust.-G. § 15 und 21.)

Der Beigeordnete nimmt auch außer dem Falle der Stellvertretung an den Verhandlungen und Beschlüssen Theil.

Bei Berathung über solche Gegenstände, welche das Privatinteresse eines Mitgliedes des Magistrats oder seiner Angehörigen berühren, muß dasselbe sich der Theilnahme an der Berathung und Abstimmung enthalten, auch sich während der Berathung aus dem Sitzungszimmer entfernen. Im Falle der durch widersprechende Interessen herbeigeführten Beschlußunfähigkeit des Magistrats beschließt an dessen Stelle der Bezirksausschluß. (Zust.=Ges. § 17 sub. 2.)

§ 58.

Der Bürgermeister leitet und beaufsichtigt den ganzen Geschäftsgang bei der städtischen Verwaltung.

In allen Fällen, wo die vorherige Beschlußnahme durch den Magistrat einen nachtheiligen Zeitverlust verursachen würde, muß der Bürgermeister die dem Magistrat obliegenden Geschäfte vorläufig allein besorgen, jedoch dem letzteren in der nächsten Sitzung Behufs der Bestätigung oder anderweitiger Beschlußnahme Bericht erstatten.

Zur Erhaltung der nöthigen Disziplin steht dem Bürgermeister das Recht zu, den Gemeindebeamten Geldbußen bis zu neun Mark, und außerdem den unteren Beamten Arreststrafen bis zu drei Tagen aufzulegen — §§ 15, 19 und 20 des Gesetzes vom 21. Juli 1852, Gesetzsammlung, S. 465. —

Gegen die Strafverfügungen des Bürgermeisters findet innerhalb zwei Wochen die Beschwerde an den Re=

gierungspräsidenten, und gegen den auf die Beschwerde ergehenden Beschluß des Regierungspräsidenten innerhalb zwei Wochen die Klage bei dem Oberverwaltungsgerichte statt (Zust.-G. § 20, sub 2).

§ 59.

Zur dauernden Verwaltung oder Beaufsichtigung einzelner Geschäftszweige sowie zur Erledigung vorübergehender Aufträge können besondere Deputationen entweder blos aus Mitgliedern des Magistrats oder aus Mitgliedern beider Gemeindebehörden oder aus letzteren und aus stimmfähigen Bürgern gewählt werden. Zur Bildung gemischter Deputationen aus beiden Stadtbehörden ist der übereinstimmende Beschluß beider erforderlich.

Zu diesen Deputationen und Kommissionen, welche übrigens in allen Beziehungen dem Magistrate untergeordnet sind, werden die Stadtverordneten und stimmfähigen Bürger von der Stadtverordnetenversammlung gewählt, die Magistratsmitglieder dagegen von dem Bürgermeister ernannt, welcher auch unter letzteren den Vorsitzenden zu bezeichnen hat.

Durch statutarische Anordnungen können nach den eigenthümlichen örtlichen Verhältnissen besondere Festsetzungen über die Zusammensetzung der bleibenden Verwaltungsdeputationen getroffen werden.

Ueber die Gültigkeit von Wahlen solcher Gemeindebeamten beschließt der Bezirksausschuß (Zust.=G., § 14).

§ 60.

Alle Stadtgemeinden von großem Umfange oder von zahlreicher Bevölkerung werden von dem Magistrate nach Anhörung der Stadtverordneten in Ortsbezirke eingetheilt.

Jedem Bezirke wird ein Bezirksvorsteher vorgesetzt, welcher von den Stadtverordneten aus den stimmfähigen Bürgern des Bezirks auf sechs Jahre erwählt und vom Magistrate bestätigt wird. In gleicher Weise wird für den Fall der Verhinderung des Bezirksvorstehers ein Stellvertreter desselben angestellt.

Die Bezirksvorsteher sind Organe des Magistrats und verpflichtet, seinen Anordnungen Folge zu leisten, ihn namentlich in den örtlichen Geschäften des Bezirks zu unterstützen.

Ueber die Gültigkeit von Wahlen solcher Gemeindebeamten beschließt der Bezirksausschuß (Zust.=G., § 14).

§ 61.

Jedes Jahr, bevor sich die Stadtverordnetenversammlung mit dem Haushaltsetat beschäftigt, hat der Magistrat in öffentlicher Sitzung der=

selben über die Verwaltung und den Stand der Gemeinde-Angelegenheiten einen vollständigen Bericht zu erstatten. Tag und Stunde werden wenigstens zwei freie Tage vorher in der Gemeinde bekannt gemacht.

§ 62.

Der Bürgermeister hat nach näherer Bestimmung der Gesetze folgende Geschäfte zu besorgen:

I. Wenn die Handhabung der Ortspolizei nicht Königlichen Behörden übertragen ist:

1) die Handhabung der Ortspolizei;

2) die Verrichtung eines Hülfsbeamten [der gerichtlichen Polizei] *der Staatsanwaltschaft* (Deutsches Gerichtsverfassungsgesetz § 153).

3) die Verrichtungen eines [Polizeianwalts] *Amtsanwalts* (Deutsches Gerichtsverfassungsgesetz § 143 und Ausführungsgesetz dazu §§ 62 und 63), vorbehaltlich der Befugniß der Behörde, in den Fällen 2 und 3 andere Beamte mit diesen Geschäften zu beauftragen.

Dem Bürgermeister am Sitze eines Gerichts kann die Vertretung der [Polizeianwaltschaft] *Amtsanwaltschaft* bei dem Gericht auch für die übrigen Gemeinden des Gerichtsbezirks gegen angemessene Entschädigung übertragen werden, in deren Hinsicht nähere Bestimmungen vorbehalten bleiben;

II. alle örtlichen Geschäfte der Kreis-, Bezirks-, Provinzial- und allgemeinen Staatsverwaltung, namentlich auch [das Führen der Personenstands-Register] die Geschäfte des Standesbeamten (Reichsgesetz vom 6. Februar 1875 § 4), sofern nicht andere Behörden dazu bestimmt sind.

Einzelne dieser unter I und II erwähnten Geschäfte können mit Genehmigung [der Regierung] des Regierungspräsidenten (Zust.-G. § 7) einem andern Magistratsmitgliede übertragen werden.

§ 63.

In Betreff der Befugniß der Stadtbehörden, ortspolizeiliche Verordnungen zu erlassen, kommen die darauf bezüglichen Gesetze zur Anwendung.

---

## Titel VI.

### Von den Gehältern und Pensionen.

§ 64.

Der Normaletat aller Besoldungen wird von dem Magistrate entworfen und von den Stadtverordneten festgesetzt.

Ist ein Normal-Besoldungsetat überhaupt nicht, oder nur für einzelne Theile der Verwaltung festgestellt, so werden die in solcher Weise nicht vorgesehenen Besoldungen vor der Wahl festgesetzt.

Hinsichtlich der Bürgermeister und der besoldeten Magistratsmitglieder unterliegt die Festsetzung der Besoldungen in allen Fällen der Genehmigung [der Regierung] des Bezirksausschusses (Zust.-G. § 16, Abs. 3). [Die Regierung] Der Regierungspräsident (Zust.-G. § 7) ist ebenso befugt als verpflichtet, zu verlangen, daß ihnen die zu einer zweckmäßigen Verwaltung angemessenen Besoldungsbeträge bewilligt werden.

Den Beigeordneten, sofern ihnen nicht eine Besoldung besonders beigelegt ist — § 31 —, können mit Genehmigung [der Regierung] des Bezirksausschusses (Zust.-G. § 16, Abs. 3) feste Entschädigungs-Beträge bewilligt werden.

Schöffen und Stadtverordnete erhalten weder Gehalt noch Remuneration, und ist nur die Vergütung der baaren Auslagen zulässig, welche für sie aus der Ausrichtung von Aufträgen entstehen.

## § 65.

Den nicht auf Lebenszeit angestellten Bürgermeistern und den besoldeten Mitgliedern des Magistrats sind, sofern nicht mit Genehmigung [der Regierung] des Bezirksausschusses (Zust.-G. § 16, Abs. 3) eine Vereinbarung wegen der Pension getroffen ist, bei eintretender Dienstunfähigkeit oder, wenn sie nach abgelaufener Wahlperiode nicht wieder gewählt werden, folgende Pensionen zu gewähren:

ein Viertel des Gehalts nach sechsjähriger Dienstzeit,

die Hälfte des Gehalts nach zwölfjähriger Dienstzeit,

zwei Drittel des Gehalts nach vierundzwanzigjähriger Dienstzeit.

Die besoldeten Gemeindebeamten, welche auf Lebenszeit angestellt sind, erhalten, insofern nicht mit den Beamten ein Anderes verabredet worden ist, bei eintretender Dienstunfähigkeit Pension nach denselben Grundsätzen, welche bei den unmittelbaren Staatsbeamten zur Anwendung kommen, in Gemäßheit des Gesetzes vom 27. März 1872 und der Novelle vom 31. März 1882.

Ueber streitige Pensionsansprüche der besoldeten Gemeindebeamten beschließt, soweit nach den Gemeindeverfassungsgesetzen die Beschlußfassung der Aufsichtsbehörde zusteht, der Bezirksausschuß, und zwar, soweit der Beschluß sich darauf erstreckt, welcher Theil des Diensteinkommens bei Feststellung der Pensionsansprüche als Gehalt anzusehen ist, vorbehaltlich der den Betheiligten gegen einander zustehenden Klage im Verwaltungsstreitverfahren, im Uebrigen vorbehaltlich des ordentlichen Rechtsweges. Der Beschuß ist vorläufig vollstreckbar. (Znst.-G. § 20, Abs. 4.)

Die Pension fällt fort, oder ruht insoweit, als der Pensionirte durch anderweitige Anstellung im Staats- oder Gemeindedienste ein Einkommen oder eine neue Pension erwirbt, welche mit Zurechnung der ersten Pension sein früheres Einkommen übersteigen.

## Titel VII.

### Von dem Gemeindehaushalte.

### § 66.

Ueber alle Ausgaben, Einnahmen und Dienste, welche sich im Voraus bestimmen lassen, entwirft der Magistrat jährlich spätestens im September, beziehungsweise in den Städten, in welchen das Etatsjahr für den Gemeindehaushalt mit dem 1. April beginnt und mit dem 31. März jeden Jahres schließt, spätestens im Dezember einen Haushaltsetat (Gesetz vom 29. Juni 1876, § 1). Mit Zustimmung der Stadtverordneten kann die Etatsperiode bis auf drei Jahre verlängert werden.

Der Entwurf wird acht Tage lang nach vorheriger Verkündigung in einem oder mehreren von dem Magistrate zu bestimmenden Lokalen zur Einsicht aller Einwohner der Stadt offen gelegt und alsdann von den Stadtverordneten festgestellt. Eine Abschrift des Etats wird sofort der Aufsichtsbehörde eingereicht.

§ 67.

Der Magistrat hat dafür zu sorgen, daß der Haushalt nach dem Etat geführt werde. Ausgaben, welche außer dem Etat geleistet werden sollen, bedürfen der Genehmigung der Stadtverordneten.

§ 68.

Die Gemeinde-Abgaben und die Geldbeträge der Dienste (§ 53), sowie die Abgaben für die Theilnahme an den Nutzungen (§ 51) und die sonstigen Gemeindegefälle werden von den Säumigen im Steuer-Exekutionswege beigetrieben.

§ 69.

Die Jahresrechnung ist von dem Einnehmer vor dem 1. Mai des folgenden Jahres, beziehungsweise vor dem 1. August des folgenden Jahres in den Städten, in welchen das Etatsjahr für den Gemeindehaushalt mit dem 1. April beginnt und mit dem 31. März jeden Jahres schließt, zu legen und dem Magistrate einzureichen. (Gesetz vom 29. Juni 1876 § 1). Dieser hat die Rechnung zu revidiren und solche mit seinen Erinnerungen und Bemerkungen den Stadtverordneten zur Prüfung, Feststellung und Entlastung vorzulegen.

Nach erfolgter Festsetzung der Rechnung wird dieselbe während vierzehn Tagen zur Einsicht der Gemeindeglieder offen gelegt.

§ 70.

Die Feststellung der Rechnung muß vor dem 1. September, beziehungsweise in den Städten, in welchen das Etatsjahr für den Gemeindehaushalt mit dem 1. April beginnt und mit dem 31. März jeden Jahres schließt, vor dem 1. Dezember bewirkt sein (Gesetz vom 29. Juni 1876, § 1).

Der Magistrat hat der Aufsichtsbehörde sofort eine Abschrift des Feststellungsbeschlusses vorzulegen.

Durch statutarische Anordnungen können auch andere Fristen, als vorstehend für die Legung und Feststellung der Rechnung bestimmt sind, festgesetzt werden.

Eine Feststellung des Stadtetats durch die Aufsichtsbehörde findet nicht statt (Zust.=G., § 19, Abs. 3.)

§ 71.

Ueber alle Theile des Vermögens der Stadtgemeinde hat der Magistrat ein Lagerbuch zu führen. Die darin vorkommenden Veränderungen werden den Stadtverordneten bei der Rechnungsabnahme zur Erklärung vorgelegt.

---

## Titel VIII.

### Von der Einrichtung der städtischen Verfassung ohne kollegialischen Gemeindevorstand.

§ 72.

In Städten, wo die Gemeindevertretung durch einen nach zweimal mit einem Zwischenraum von mindestens acht Tagen vorgenommener Berathung zu fassenden Beschluß darauf anträgt, kann unter Genehmigung [der Regierung] des Bezirksausschusses (Zust.-G. § 16, Abs. 3) die Einrichtung getroffen werden, daß statt des Magistrats nur ein Bürgermeister, welcher auch den Vorsitz in der Stadtverordnetenversammlung mit Stimmrecht zu führen hat, und zwei oder drei Schöffen resp. ein Beigeordneter, welche den Bürgermeister zu unterstützen und in Verhinderungsfällen zu vertreten haben, gewählt werden.

§ 73.

Wird eine Einrichtung dieser Art — § 72 — getroffen, so gehen alle Rechte und Pflichten, welche in den Vorschriften der Titel I bis VII dem Magistrat beigelegt sind, auf den Bürgermeister mit denjenigen Modificationen über, welche sich als nothwendig daraus ergeben, daß der Bürgermeister zugleich stimmberechtigter Vorsitzender der Stadtverordnetenversammlung ist. Demselben steht insonderheit ein Recht der Zustimmung zu den Beschlüssen der Stadtverordneten nicht zu; er ist aber in den im zweiten Satze unter 2 des § 56 bezeichneten Fällen die Ausführung der Beschlüsse der Stadtverordnetenversammlung zu beanstanden und, wenn diese bei nochmaliger Berathung bei ihrem Beschlusse beharrt, die Entscheidung |der Regierung| des Bezirksausschusses über die entstandene Meinungsverschiedenheit einzuholen verpflichtet. Der Bezirksausschuß beschließt darüber, wenn von einem Theile auf Entscheidung angetragen wird und zugleich die Angelegenheit nicht auf sich beruhen bleiben kann. (Zust.=G. § 17 sub 1.)

Im Übrigen finden bei den Städten, welche die gedachte Einrichtung angenommen haben, die Vorschriften der Titel I bis VII gleichfalls, jedoch mit der Maaßgabe Anwendung, daß die Schöffen zugleich Stadtverordnete sein können.

## Titel IX.

### Von der Verpflichtung zur Annahme von Stellen und von der Ausscheidung aus denselben wegen Verlustes des Bürgerrechts.

§ 74.

Ein jeder stimmfähige Bürger ist verpflichtet, eine unbesoldete Stelle in der Gemeinde-Verwaltung oder Vertretung anzunehmen, sowie eine angenommene Stelle mindestens drei Jahre lang zu versehen.

Zur Ablehnung oder zur früheren Niederlegung einer solchen Stelle berechtigen, worüber die Stadtverordnetenversammlung zu beschließen hat (Zust.-G. § 10 sub 3), nur folgende Entschuldigungsgründe:

1) anhaltende Krankheit;
2) Geschäfte, die eine häufige oder lange dauernde Abwesenheit mit sich bringen;
3) ein Alter über sechszig Jahre;
4) die früher stattgehabte Verwaltung einer unbesoldeten Stelle für die nächsten drei Jahre;

5) die Verwaltung eines anderen öffentlichen Amts;
6) ärztliche oder wundärztliche Praxis;
7) sonstige besondere Verhältnisse, welche nach dem Ermessen der Stadtverordnetenversammlung eine gültige Entschuldigung begründen.

Wer sich ohne einen dieser Entschuldigungsgründe weigert, eine unbesoldete Stelle in der Gemeinde-Verwaltung oder Vertretung anzunehmen oder die noch nicht drei Jahre lang versehene Stelle ferner zu versehen, sowie derjenige, welcher sich der Verwaltung solcher Stellen thatsächlich entzieht, kann durch Beschluß der Stadtverordneten auf drei bis sechs Jahre der Ausübung des Bürgerrechts verlustig erklärt und um ein Achtel bis ein Viertel stärker zu den direkten Gemeindeabgaben herangezogen werden. [Dieser Beschluß bedarf der Bestätigung der Aufsichtsbehörde — § 76.]

Dieser Beschluß bedarf keiner Genehmigung oder Bestätigung von Seiten des Gemeindevorstandes oder der Aufsichtsbehörde. Gegen den Beschluß der Gemeindevertretung findet die Klage im Verwaltungsstreitverfahren statt. Die Klage steht auch dem Gemeindevorstande zu. (Zust.-G. § 11.) Zuständig in erster Instanz ist der Bezirksausschuß. Die

Frist zur Anstellung der Klage beträgt zwei Wochen. Die Gemeindevertretung beziehungsweise der Gemeindevorstand, können zur Wahrnehmung ihrer Rechte im Verwaltungsstreitverfahren einen besonderen Vertreter bestellen. (Zust.-G. § 21).

§ 75.

Wer eine das Bürgerrecht voraussetzende Stelle in der Verwaltung oder Vertretung der Stadtgemeinde bekleidet, scheidet aus derselben aus, wenn er des Bürgerrechts verlustig geht; im Falle des ruhenden Bürgerrechts tritt die Suspension ein — § 7 —.

Die zu den bleibenden Verwaltungsdeputationen gewählten stimmfähigen Bürger — § 59 — und andere von der Stadtverordnetenversammlung auf eine bestimmte Zeit gewählten unbesoldeten Gemeindebeamten, zu denen jedoch die Schöffen nicht zu rechnen sind, können durch [einen übereinstimmenden Beschluß des Magistrats und der Stadtverordneten] Beschluß der Stadtverordneten (Zust.-G. § 10) auch vor Ablauf ihrer Wahlperiode von ihrem Amte entbunden werden.

## Titel X.

### Von der Oberaufsicht über die Stadtverwaltung.

### § 76.

Die Aufsicht des Staates über die Verwaltung der städtischen Gemeindeangelegenheiten wird, [soweit nicht durch die Vorschriften dieses Gesetzes ein Anderes ausdrücklich bestimmt ist, bei Städten von mehr als 10 000 Einwohnern von der Regierung, bei den übrigen Städten in erster Instanz von dem Landrathe, in zweiter Instanz von der Regierung] in erster Instanz von dem Regierungspräsidenten, in höherer und letzter Instanz von dem Oberpräsidenten geübt, unbeschadet der in den Gesetzen geordneten Mitwirknng des Bezirksausschusses und des Provinzialraths. (Zust.-G. § 7.)

Der Bezirksausschuß beschließt jedoch an Stelle der Aufsichtsbehörde:

1) über die Art der gerichtlichen Zwangsvollstreckung wegen Geldforderungen gegen Stadtgemeinden — § 15 zu 4 des Einführungsgesetzes zur deutschen Civilprozeßordnung vom 30. Januar 1877, Reichs-Gesetzbl. S. 244;
2) über die Feststellung und den Ersatz der Defekte der Gemeindebeamten nach Maßgabe der Verordnung vom

24. Januar 1844 (Gesetz-Samml. S. 52); der Beschluß ist vorbehaltlich des ordentlichen Rechtsweges endgültig. (Zust.-G. § 17 sub 4 und 5.)

§ 77.

[Gegen die Entscheidung der Stadtbehörden findet, wo die Aufsicht dem Landrathe zusteht, der Recurs an den Landrath, sonst aber an die Regierung statt; gegen die Entscheidung des Landraths ist der Recurs an die Regierung und gegen die Entscheidung der Regierung der Recurs an den Oberpräsidenten zulässig.

Der Recurs muß in allen Instanzen innerhalb einer Präklusivfrist von vier Wochen nach der Zustellnug oder rechtswidrig ist, oder das Staatswohl verletzt] oder Bekanntmachung der Entscheidung eingelegt werden, insofern nicht die Einlegung des Recurses durch Bestimmungen dieses Gesetzes an andere Fristen geknüpft ist.]

Beschwerden bei den Aufsichtsbehörden in städtischen Gemeindeangelegenheiten sind in allen Instanzen innerhalb zwei Wochen anzubringen. (Zust.-G. § 7.)

§ 78.

Wenn die Stadtverordneten oder der Magistrat einen Beschluß gefaßt haben, welcher deren Befugnisse überschreitet, [gesetz- oder die Gesetze verletzt, so ist die Aufsichtsbehörde ebenso befugt als verpflichtet, den Vorstand der Gemeinde bezw. den Bürgermeister zur vorläufigen Beanstandung der

Ausführung zu veranlassen. Der Gemeindevorstand bezw. der Bürgermeister hat einen solchen Beschluß auf Anweisung der Aufsichtsbehörde mit aufschiebender Wirkung unter Angabe der Gründe zu beanstanden. Gegen die Verfügung des Gemeindevorstandes, bezw. Bürgermeisters, steht der Stadtverordnetenversammlung, bezw. dem Magistrate die Klage im Verwaltungsstreitverfahren zu. (Zust.-G. § 15.)

Zuständig in erster Instanz ist der Bezirksausschuß. Die Frist zur Anstellung der Klage beträgt zwei Wochen. Die Stadtverordnetenversammlung, beziehungsweise der Magistrat können zur Wahrnehmung ihrer Rechte im Verwaltungsstreitverfahren einen besonderen Vertreter bestellen. (Zust.-G. § 21.)

§ 79.

[Wenn die Stadtverordneten es unterlassen oder verweigern, die der Gemeinde gesetzlich obliegenden Leistungen auf den Haushaltsetat zu bringen oder außerordentlich zu genehmigen, so läßt die Regierung unter Anführung des Gesetzes die Eintragung in den Etat von Amtswegen bewirken, oder stellt beziehungsweise die außerordentliche Ausgabe fest.]

Unterläßt oder verweigert eine Stadtgemeinde, die ihr gesetzlich obliegenden, von der Behörde innerhalb der Grenzen ihrer Zuständigkeit festgestellten Leistungen auf den Haushaltsetat zu bringen oder außerordentlich zu genehmigen, so verfügt der Regierungs-Präsident unter Anführung der Gründe die Eintragung in den Etat, beziehungsweise die Feststellung der außerordentlichen Ausgabe. (Zust.-G. §19.)

§ 80.

[In den Fällen der § 78 und 79 steht den Stadtverordneten gegen die Entscheidung der Regierung der Rekurs an den Operpräsidenten innerhalb zehn Tagen zu.]

In dem Falle des § 78 steht den Stadtverordneten und dem Magistrate gegen das Endurtheil des Bezirksausschusses die Berufung an das Oberverwaltungsgericht binnen zwei Wochen zu. (Gesetz über die allgemeiue Landesverwaltung vom 30. Juli 1883, § 83 und 85.)

In dem Falle des § 79 steht der Gemeinde gegen die Verfügung des Regierungspräsidenten die Klage beim Oberverwaltungsgerichte binnen zwei Wochen zu. (Zust.-G. §§ 19 und 21).

§ 81.

Durch Königliche Verordnung auf den Antrag des Staatsministeriums kann eine Stadtverordnetenversammlung aufgelöst werden. Es ist sodann eine Neuwahl derselben anzuordnen, und muß diese binnen sechs Monaten vom Tage der Auflösungsverordnung an erfolgen. Bis zur Einführung der neugewählten Stadtverordneten [sind deren Verrichtungen durch besondere von dem Minister des Innern zu bestellende Kommissarien zu besorgen] beschließt der Bezirksausschuß an Stelle der aufgelösten Stadtverordnetenversammlung (Zust.-G., § 17, sub 3).

## § 82.

[In Betreff der Dienstvergehen der Bürgermeister, der Mitglieder des Vorstandes und der sonstigen Gemeindebeamten kommen die darauf bezüglichen Gesetze zur Anwendung.]

Bezüglich der Dienstvergehen der Bürgermeister, Beigeordneten, Magistratsmitglieder und sonstigen Gemeindebeamten kommen die Bestimmungen des Gesetzes vom 21. Juli 1852 mit folgenden Maßgaben zur Anwendung:

1) Gegen die Bürgermeister, Beigeordneten und Magistrats-Mitglieder sowie gegen die sonstigen Gemeindebeamten kann an Stelle der Bezirksregierung und innerhalb des derselben bisher zustehenden Ordnungsstrafrechts der Regierungs-Präsident Ordnungsstrafen festsetzen. Gegen die

Strafverfügungen des Regierungs=Präsidenten findet innerhalb zwei Wochen die Beschwerde an den Oberpräsidenten, gegen den auf die Beschwerde ergehenden Beschluß des Oberpräsidenten findet innerhalb zwei Wochen die Klage bei dem Oberverwaltungsgerichte statt.

2) Gegen die Strafverfügungen des Bürgermeisters findet innerhalb zwei Wochen die Beschwerde an den Regierungs=Präsidenten, und gegen den auf die Beschwerde ergehenden Beschluß des Regierungs=Präsidenten innerhalb zwei Wochen die Klage bei dem Oberverwaltungsgerichte statt.

3) In dem Verfahren auf Entfernung aus dem Amte wird die Einleitung des Verfahrens von dem Regierungspräsidenten, beziehungsweise dem Minister des Innern verfügt und von demselben der Untersuchungs=Kommissar ernannt; an die Stelle der Bezirks=Regierung, beziehungsweise des Disziplinarhofes tritt als entscheidende Disziplinarbehörde erster Instanz der Bezirksausschuß; an die Stelle des Staats=Ministeriums tritt das Oberverwaltungsgericht;

den Vertreter der Staatsanwaltschaft ernennt bei dem Bezirksausschusse der Regierungs-Präsident, bei dem Oberverwaltungsgerichte der Minister des Innern.

In dem vorstehend bezüglich der Entfernung aus dem Amte vorgesehenen Verfahren ist entstehenden Falles auch über die Thatsache der Dienstunfähigkeit der Bürgermeister, Beigeordneten, Magistratsmitglieder und sonstigen Gemeindebeamten Entscheidung zu treffen.

Gegen Mitglieder der Gemeindevertretung findet ein Disziplinarverfahren nicht statt. (Zust.-G. § 20.)

---

## Titel XI.

### Ausführungs- und Uebergangsbestimmungen.

§ 83.

Die zur Ausführung dieses Gesetzes erforderlichen Bestimmungen werden von dem Minister des Innern getroffen.

§ 84.

In Städten, wo die Gemeindeordnung vom 11. März 1850 bereits eingeführt ist, tritt die gegenwärtige Städteordnung sogleich nach ihrer Verkündigung in Kraft und an die Stelle jener Gemeindeordnung; die auf Grund der letzteren gewählten Bürgermeister, Beigeordneten und Schöffen, sowie die Mitglieder des Gemeinderaths, diese als Stadtverordnete, verbleiben jedoch in ihren Stellen bis zum Ablauf der Periode, für welche sie gewählt worden sind, und behalten, soweit sie eine besoldete Stelle bekleiden, ihre bisherigen Besoldungen und Pensionsansprüche.

§ 85.

Auch in den Städten, wo die revidirte Städteordnung vom 17. März 1831 noch in Geltung ist, tritt die gegenwärtige Städteordnung sogleich nach ihrer Verkündigung in Kraft; doch bleiben die auf Grund der revidirten Städteordnung vom 17. März 1831 gewählten Bürgermeister, Magistratsmitglieder und Stadtverordneten bis zum Ablauf der Periode, für welche sie gewählt worden sind, in ihren Stellen, und behalten, wenn sie eine besoldete Stelle bekleiden, ihre bisherigen Besoldungen und Pensionsansprüche.

§ 86.

Alle Gemeindebeamten (§§ 55, 56 Nr. 6 und 60) sind in ihren Aemtern und Einkünften zu belassen und behalten ihre bisherigen Pensionsansprüche.

§ 87.

Die Verhältnisse der vormals unmittelbaren deutschen Reichsstände in Beziehung auf die in ihren vormaligen reichsunmittelbaren Gebieten gelegenen Städte bleiben besonderer Regulirung im Wege Königl. Verordnung vorbehalten.

Druck von Paul Schettler's Erben in Cöthen.

Schettler's Erben, Cöthen.

FSC
www.fsc.org
MIX
Papier | Fördert
gute Waldnutzung
FSC® C083411

Kolibri 360 GmbH
Ferdinand-Jühlke-Straße 7
99095 Erfurt, Deutschland
produktsicherheit@kolibri360.de